venez toutes bloguer sur
www.lesparesseuses.com

La Méditation

des paresseuses

Anne Ducrocq

La Méditation des paresseuses

MARABOUT

Je dédie ce livre à celles et ceux qui s'apprêtent à le lire
et qui, peut-être, en le refermant, auront à cœur de prendre soin
de leur part intérieure. Quand l'un d'entre nous avance,
il fait avancer tous les autres.

Parole de sage

« Nous n'avons qu'à être là, mais humblement mais instamment, comme la Terre est là, acqui esçant aux saisons… »

Rainer Maria Rilke.

Sommaire

Avant-propos

Pourquoi ce guide va vous aider ?

Méditer de cinq à vingt minutes par jour et arriver à déplacer des montagnes ? Oui, c'est possible à chacun d'entre nous, je vous le promets. La nature elle-même nous en donne le plus bel exemple. Ainsi, la goutte d'eau s'écoule tranquillement, naturellement, et arrive à fendre le rocher, tout comme le lierre ou le bambou transpercent le béton, ou le crocus mauve arrive à traverser la neige… De son côté, discrètement, infiniment lentement, la fragile semence, à la recherche de la lumière, se fraie un chemin à travers la terre humide et obscure sous la serre du jardin…

Cette douce et spectaculaire percée est-elle envisageable pour une paresseuse ? Oui !

D'une part parce que méditer, c'est précisément s'exercer à ne rien faire du tout. Voilà une activité où l'on ne doit ni suer ni briller en société. Vous me direz, ne rien faire du tout *du tout*, ce n'est pas toujours si facile…

D'autre part parce que vous avez en vous une force et un calme prodigieux dont vous ignorez presque tout.

Aucune paresseuse ne me contredira : nous sommes toutes dispersées dans nos multiples activités, nos relations familiales, amicales, professionnelles, culturelles, sportives et, si nous sommes toujours reliées à l'extérieur, avec la télévision, les téléphones portables, Internet, la presse…, nous le

sommes bien peu avec notre vie intérieure, dont nous ignorons tout, ou presque.
Nous en savons plus sur les séries télé, les recettes de cuisine, les vêtements de la saison, les prochaines sorties cinéma ou les adresses de restaurants que sur nous-mêmes. Quel étrange manque de curiosité ! N'allez pas culpabiliser pour autant, car vivre dehors au lieu de vivre dedans est le défaut le plus partagé depuis que le monde est monde !
On sait faire du sport pour entretenir notre corps, mais que fait-on pour notre esprit ? Rien, absolument rien. Raison de plus pour se diriger lentement mais sûrement vers la pratique méditative…

Et si vous preniez une décision, là, tout de suite ? Si vous vous accordiez un moment pour parcourir ce livre. Un moment où vous vous mettez, vous, rien que vous, au centre de tout. Lisez comme vous iriez à un rendez-vous avec vous-même.

La méditation, parce qu'elle éclaircit l'esprit, agit vraiment comme une lampe torche. Elle met en lumière de quoi nous sommes faites : des personnes tour à tour droites, ambiguës, contradictoires, simples, jalouses, humbles, vampirisantes, angoissées, colériques, mélancoliques, bonnes, intéressées, généreuses… Ni vraiment bonnes, ni vraiment mauvaises.
Vous êtes assise en tailleur, en lotus, en demi-lotus ou sur un petit banc et, tout à coup, vous prenez conscience de tout cela. Se lancer dans la méditation, c'est l'explosion de vérité assurée. Car, vous l'ignorez peut-être encore, nous ne sommes

pas celles que nous croyons être. Nous ne sommes pas ces femmes idéales, maîtresses idéales, mères idéales, amies idéales, sœurs idéales…, que nous nous appliquons en vain à devenir. C'est épuisant, sans issue… et surtout sans intérêt ! Pourquoi ne pas rapatrier cette énergie si mal canalisée et se rapprocher de la personne que nous sommes *réellement* ?

Méditer, c'est voir. Ou écouter. C'est pareil. Voir qui vous êtes et ce qui vous enchaîne. Vous voyez dans les yeux tous ces petits mensonges de convenance que vous vous racontez à longueur de temps.

Il faut d'abord savoir exactement celle qui est là, sous les apparences, les illusions et les fantasmes, celle que vous êtes, pour pouvoir changer.

Et, c'est vrai, cette conscience transforme tout, car on arrive alors à vivre cette chose inouïe : on s'accepte progressivement *comme on est*, on devient *qui on est*. On s'aime soi-même plutôt que d'attendre, comme on le fait depuis l'enfance, que tout vienne des autres…

Par quel miracle le simple fait de méditer nous rend-il à nous-mêmes ?

Parce que l'objectif, qui semble simple, est en réalité immense : il s'agit d'unifier le corps et l'esprit, de devenir une dans ce que l'on fait. Vous le constaterez par vous-même : il n'y a pas plus reposant que de retrouver sa véritable nature !

Méditer, c'est devenir ce que l'on est quand on cesse d'être agitée, c'est retrouver l'état naturel, serein, de notre esprit.

C'est entrer et demeurer dans un état de non-distraction, quitter notre conscience dualiste et ses sempiternels « j'aime/je n'aime pas », « je veux/je ne veux pas », « on m'aime/on ne m'aime pas », « c'est gentil/c'est méchant » qui nous blessent et nous font vivre dans un monde binaire. Sortir de cette opposition permet de retrouver notre part de « générosité » naturelle qui ne se saisit de rien, ne qualifie rien et ne juge rien. Comme un miroir neutre reflète aussi bien le crapaud que la rose.

Comme une rivière troublée après une tempête, méditer aide à retrouver une surface lisse et une eau claire. En même temps que vous formez votre esprit, vous retrouvez votre vraie nature. Calme. Tranquille. Sereine. En paix. Oui, rien que ça !
On vit alors sa vie comme elle vient : on est « bien » quoi qu'il arrive, parce que l'on ne confond plus la surface des choses – nos pensées et nos émotions – avec le fond de notre être. On a trouvé en soi un espace vierge, une page blanche où l'on sait que tout va bien, on sait que cette part de nous-mêmes existe et que l'on peut y retourner quand on veut, quoi qu'il nous arrive de pénible ou de triste à l'extérieur.

Méditer, c'est trouver en soi une boussole qui nous indique la voie de la paix intérieure. Alors paresseuse vous resterez, oui, mais une paresseuse libérée de ses illusions quant à ce qui est ou ce qu'il faut être, une paresseuse qui a trouvé en elle un espace stable, immuable même, dans lequel elle peut se réfugier indépendamment des circonstances. Ni plus ni moins.

À travers les conseils très pratiques de ce livre, vous apprendrez à (re)trouver la limpidité qui vous habite. Et ce, seulement en respirant en silence, assise (une activité à pratiquer assise, le rêve !).
En attendant de trouver le chemin de la sérénité, l'entraînement à la méditation vous procurera des bienfaits immédiats, perceptibles par une diminution de vos tensions, une plus grande clarté d'esprit, une faculté de concentration démultipliée et un détachement vis-à-vis de beaucoup de choses qui n'étaient que des agitations superficielles de votre esprit…

Si l'essentiel de cet ouvrage est concentré sur la technique et l'état d'esprit de la pratique immobile, vous y trouverez aussi, dans une seconde partie plus brève, des conseils pour prolonger la pratique.
On ne peut pas passer sa vie assise en tailleur ou sur un petit banc ! Il vous faudra bien sortir de la méditation et reprendre le cours du temps, revenir au monde et à ceux que vous allez croiser aujourd'hui ! Vous allez donc vous initier aussi à la *méditation en action.*

On dit souvent que c'est aux fruits qu'il produit que l'on juge de l'arbre. C'est donc dans votre vie et dans vos gestes de tous les jours que l'on jugera de votre chemin et de votre méditation…
Quelqu'un qui médite peut être reconnu grâce à une qualité de présence dans ses activités quotidiennes. On saura en effet que vous méditez, car, peu à peu, votre attitude et votre façon « d'être au monde » vont se renouveler.

La méditation assise va vous entraîner à devenir moins réactive, moins dispersée, plus ouverte, plus réceptive, plus joyeuse. Vous allez ainsi apprendre à devenir une paresseuse centrée, que vous cuisiniez un risotto aux asperges, marchiez dans un parc, conduisiez les enfants à l'école, fassiez le marché, la queue au cinéma ou une longueur de piscine... Votre façon de vivre est un miroir de vous-même, elle va être entièrement transformée par la pratique de la méditation.

Vous allez progressivement cesser de vivre dans votre tête, avec vos projets, vos problèmes, vos obsessions, complètement à côté de la vie, pour devenir une personne *dans* la vie, qui ne juge presque plus ou n'interprète plus ce qui lui arrive.

La méditation n'est pas une voie intellectuelle, c'est la voie de l'expérience. Comme le disait Arnaud Desjardins[1] : un cordonnier qui sait bien façonner une paire de chaussures est supérieur à un intellectuel qui parle de ce qu'il ignore ! Vous n'allez plus penser votre vie, mais vivre votre vie. Et apprendre à voir le monde comme un flux d'expériences qui se déroule.

La méditation est un chemin de vérité, de découverte de soi et de transformation à nul autre comparable : on y fait

---

1. Réalisateur de télévision pendant vingt ans sur les sujets ayant trait aux grandes traditions spirituelles, sa rencontre décisive avec le maître indien Swami Prajnanpad l'amène à témoigner et à fonder son propre ashram, Hauteville, dans la Drôme. C'est un haut lieu de la méditation.

simplement connaissance avec soi et avec un esprit absolument silencieux que l'on n'a pas pris l'habitude de fréquenter. Il y a une vie en dehors de l'hyperactivité et du bavardage mental !
Tout cela ne dépend de rien d'autre que de vous et de ce premier pas, de ce consentement, là, maintenant, à tout arrêter et à vous asseoir.

Tout le monde peut méditer, à commencer par les gens ordinaires (entre nous, les gens ordinaires n'existent pas !). Vous n'avez pas besoin de capacités particulières pour suivre cette voie. Si vous êtes distraite, anxieuse, soupe au lait, impatiente, fébrile, tendue, débordée, malade, ne croyez pas vous en tirer à si bon compte, ce ne sont pas des prétextes pour vous défiler. Vous allez partir de là où vous êtes et conquérir force, calme et confiance !

Ayez confiance. En moi parce que j'ai emprunté cette voie solide il y a longtemps et que je peux vous prendre par la main pour vous guider. Et, surtout, en vous. Parce que si vous avez choisi ce livre, c'est que vous êtes prête pour ce rendez-vous avec vous-même.

Méditer est une *expérience à vivre*. Il est temps de s'y mettre ensemble en douceur.

N. B. 1 : Attention à la fragilité psychique

Contrairement à ce que beaucoup croient, la méditation ne mène pas d'emblée au calme. Elle permet au contraire d'aller très vite au cœur de ses tempêtes. Les personnes fragiles, en période de crise psychique ou sous la dépendance de drogue auront tout intérêt à être accompagnées pour s'initier au « retour à soi ».

N. B. 2 : Une contre-indication, l'épilepsie

La méditation pourrait être néfaste chez les personnes atteintes d'épilepsie. Cette maladie se caractérise par des crises consécutives à une décharge électrique anormale, soudaine, excessive et transitoire dans le système nerveux central. Des études scientifiques ont mesuré les changements neurochimiques et neurophysiologiques du cerveau induits par la méditation et ont conclu que la méditation pourrait accroître le risque de contracter la maladie chez des sujets prédisposés ou d'augmenter la gravité et la fréquence des crises.

N. B. 3 : Le choix de la boucle

Un certain nombre de conseils sont volontairement rappelés à de nombreuses reprises sous des formes différentes. Vous tendrez distraitement l'oreille à une idée à un moment, mais elle retiendra toute votre attention à un autre. C'est une façon d'avancer en cercle et de creuser un sillon.

N. B. 4 : Un choix laïc

Les différentes traditions religieuses ont leurs méditations. Nous avons choisi de rester dans une perspective laïque (même si l'on trouve ici ou là telle ou telle nourriture empruntée aux chrétiens, aux bouddhistes ou au yoga de l'Inde). Chemin faisant, chacune évoluera comme elle le souhaitera. Un pas après l'autre.

Parole de sage

« Il n'est pas nécessaire de méditer au nom de Jésus, de Bouddha ou de qui que ce soit. Il suffit de méditer, tout simplement. Méditer. »

Yehudi MENUHIN,
violoniste et chef d'orchestre internationalement reconnu.

PREMIÈRE PARTIE

Méditer, une pratique immobile

« *Méditer, c'est quitter la rive.* »
John Main[2].

2. Ce moine bénédictin, prêtre, est à l'origine de la Communauté mondiale de méditation chrétienne (CMMC). Des groupes existent aussi un peu partout en France. Voir sur leur site meditationchretienne.org.

1

La méditation en dix phrases clés

La méditation n'a que faire des bavardages

Elle les fuit même comme la peste en plein midi. Elle n'a également que faire des grandes et (trop) belles phrases. Comme vous allez le découvrir, méditer est avant tout une pratique. Nous allons donc commencer par éviter les détours et aller à l'essentiel. Pourquoi faire compliqué quand on peut faire simple ?

Voici dix phrases clés qui résument la pratique de l'assise méditative et qui, loin de décourager, espèrent au contraire mettre en appétit et donner envie de se lancer sans tarder.

Bon à savoir

Avant de plonger dans l'expérience, il est bon de modifier notre état d'esprit : nous avons trop souvent tendance à être méfiantes et cela nous empêche de nous engager. Baissons donc progressivement la garde en feuilletant ensemble ce petit *vade-mecum* de ce que doit savoir une paresseuse débutante en méditation.

1. Méditer, c'est faire une expérience

Méditer, ce n'est pas recevoir un enseignement sur lequel on va réfléchir, ni utiliser des techniques pour guérir son insomnie ou sa déprime hivernale. La méditation n'est ni une tisane, ni un anesthésiant, ni un antidépresseur ! Elle n'isole pas des souffrances de la vie. Elle permet en revanche de pénétrer si profondément dans la vie que l'on peut percer la barrière de la douleur pour aller au-delà de la souffrance. C'est tout à fait autre chose !

Pour comprendre la méditation, il faut la pratiquer. C'est une expérience directe à vivre avec nos cinq sens.
Faire une expérience ? C'est orienter l'attention à l'intérieur, sentir, écouter et *être saisie*.
Elle ne peut être menée par personne d'autre que vous, ne concerne que vous et ne fera évoluer que vous. C'est dans votre esprit que vous devez faire de la place, nulle part ailleurs. Vos forces et vos faiblesses vous sont personnelles et le rendez-vous avec vous-même est unique.

2. Méditer, c'est ne rien attendre

Les illusions font partie du voyage intérieur. La première illusion est de chercher à obtenir un résultat, comme nous le faisons pour tout, ou presque, dans notre vie quotidienne. Hélas, c'est pervertir le sens même de la méditation. Ou, pire, croire que les premiers effets perçus sont le résultat de nos efforts ou de notre petit « moi ».

Que l'on parle d'ego dans telle tradition, d'orgueil spirituel dans telle autre, la mise en garde est la même partout : c'est à une rencontre intérieure que la méditation convie, pas à un challenge ou à la recherche d'une vaine gloire personnelle. N'attendez surtout pas de la méditation qu'elle soit un lieu de performances !

De même, si l'assise méditative est un lieu d'attente par excellence, ce n'est certainement pas celui du perfectionnement ou de la connaissance de sensations agréables ! Certains la pratiquent pour favoriser leur concentration, d'autres pour développer des « pouvoirs », d'autres enfin pour devenir quelqu'un de « mieux » ou se « libérer ». Certaines entreprises organisent même des stages de méditation pour leurs cadres et leurs commerciaux afin de leur apprendre à canaliser le stress. C'est en faire une simple technique et la détourner de sa noble vocation qui est de faire émerger notre être essentiel, notre véritable personne. Le reste est cueilli en plus.

Pratiquer avec légèreté

On peut pleinement s'impliquer dans la pratique avec légèreté, sans se mettre de pression. Pour cela, il est utile de prendre une petite minute pour retrouver en soi l'impulsion initiale, cette impulsion qui nous dit que « revenir à soi » à travers une plus grande attention au présent est une bonne idée. Le faire quotidiennement permet d'agir avec une persévérance tranquille. Car de la persévérance, il en faudra… Méditer demande un certain acte de foi : après tout, on ne sait pas si les efforts vont porter leurs fruits.

Mais pourquoi ne pas opter pour la confiance et se dire qu'un effort sincère est toujours récompensé ?
Et même si la récompense ne vient pas nécessairement au moment où on l'espère, ou sous la forme que l'on attend, un fruit mûrira avec votre pratique.

Parole de sage

« Comme lorsqu'on laisse la fenêtre ouverte et que l'air entre à sa guise, la méditation, c'est tout ce que l'air apporte, c'est tout ce qu'est le vent. Mais si vous êtes aux aguets, si vous attendez que le vent s'engouffre par la fenêtre parce que vous l'avez ouverte, jamais le vent ne viendra. Il faut qu'elle soit ouverte par amour, par affection, en toute liberté, et non pas dans l'attente de quelque chose. Et voilà ce qu'est cet état de beauté, cet état de l'esprit qui voit mais ne demande rien. »

KRISHNAMURTI,
grand penseur et sage indien
(*L'Impossible Question*, éditions Delachaux & Niestlé).

3. Méditer, c'est s'asseoir

La posture assise est la posture de recueillement jugée la plus aboutie : partout, l'assise juste, c'est-à-dire confortable et non avachie, est l'une des conditions de l'avancée de la vie intérieure. Le Bouddha en position de lotus n'est-il pas pour des millions de personnes, même non bouddhistes, l'image même de celui qui accueille l'illumination ? Agir sur le corps, on le verra, agit directement sur l'esprit.

Méditer, c'est décider d'interrompre la course, le mouvement incontrôlé de la vie pendant un quart d'heure. Et s'asseoir. Sur une chaise, un petit banc, un zafu (coussin rond de méditation). Peu importe où. Mais s'asseoir.

Décider de se poser, stable et immuable, prête à vivre ce qu'il y a à vivre, d'agréable, de désagréable ou de neutre.

Parole de sage

« [La méditation] *n'est pas quelque chose que l'on va chercher à la force de sa volonté. On se rend juste disponible à la recevoir.* »

Carlos CASTANEDA,
anthropologue américain.

4. Méditer, c'est se désagripper

On associe souvent le mot « méditation » à celui de « lâcher-prise ». Qu'est-ce que ce fameux lâcher-prise sur lequel tout le monde glose et que nous avons tant de mal à atteindre ? On peut le voir par rapport à son contraire, qui est le fait de s'agripper, de s'accrocher aux choses, aux gens, mais aussi à nos idées, à nos croyances. Nous sommes ainsi limités par ce à quoi nous nous accrochons. Et on le voit bien musculairement : s'agripper à quelque chose crée une tension…

Se détendre et lâcher prise ne consistera pas seulement à dénouer nos tensions physiques par un travail de relaxation ;

cela consistera aussi, peu à peu, à relâcher ces réflexes de défense mentale, à entrer dans une *déprise*.
Ainsi, la méditation aide à se « désagripper », à s'ouvrir.

Une étape importante

On commence toujours par se relaxer : il n'y a rien à accomplir. On oublie même que l'on va méditer…

5. Méditer, c'est respirer

Respirer, c'est exister.
Nous sommes présents pendant que nous inspirons et expirons. Pendant que nous inspirons, nous pratiquons. Pendant que nous expirons, nous pratiquons.
Les inspirations continuent dans les expirations, qui continuent dans les inspirations. C'est comme quand on joue du violon. Nous sommes conscients du mouvement de l'archet vers le haut, puis vers le bas. Chaque mouvement est une continuation de l'autre : inspir-expir-inspir-expir.
Si vous êtes musicien, vous gardez votre archet sur les cordes.
Si vous êtes un méditant, vous gardez votre esprit sur votre respiration et vous ne vous dispersez pas.
Respirer, c'est vivre.

6. Méditer, c'est rencontrer le « corps que je suis »

En prenant le chemin de la méditation, on rencontre « le corps que l'on est », selon la belle expression du sage de la Forêt-Noire, Graf Dürckheim[3]. Il convient de faire une distinction entre le corps « que l'on a » et le corps « que l'on est ».

• **Le corps que « l'on a »,** c'est tout simplement le corps physique qui recherche l'efficacité et la santé. C'est, pour ainsi dire, le corps extérieur.
Or, le corps du chemin spirituel n'est pas le corps que l'on a : ce n'est pas celui que le médecin ausculte ou à qui l'on prescrit des médicaments, ce n'est pas celui qui se fait masser par une esthéticienne ou qui fait des régimes, ce n'est pas celui qui fait son footing le dimanche matin ou qui attrape des lumbagos.

• **Le corps que « l'on est »,** c'est l'ensemble des gestes et des attitudes dans lesquels on se présente et qui témoignent de la mesure dans laquelle nous sommes en consonance ou en

---

3. Graf Dürckheim, docteur en philosophie et en psychologie, a rencontré le zen au Japon, où il a passé dix ans. Il a créé un centre en Allemagne où il proposait une « voie de la technique », dans l'esprit du zen japonais mais dégagée des rites et des formes culturelles propres à l'Extrême-Orient. C'est un maître incontournable. Des héritiers spirituels poursuivent aujourd'hui son enseignement, notamment en France. Par exemple : Jacques Castermane – www.centre-durckheim.com et Francis Dekeyser – www.adpcot.com.

dissonance avec notre être profond. Une façon de marcher, souple et habitée ou au contraire rapide et volontaire ; une façon d'être là pour écouter, bras et jambes croisés ou le corps ouvert, disponible à l'écoute… C'est une manière d'habiter son corps, une manière d'« être » son corps, une manière unique d'être *là* en tant que personne.

7. Méditer, c'est se donner, s'abandonner

Ramana Maharshi, l'un des plus grands gourous de l'Inde du XXe siècle, rappelle que la Vérité est en chacun de nous et que chacun de nous y plonge tous les jours pendant le sommeil.

Le sommeil est une expérience commune à tous les hommes. Pour le sage, il n'y a pas de différence entre l'expérience de la méditation et celle du sommeil. Voilà qui détend avant de s'initier, non ? Quand je vous disais qu'il fallait perdre toutes les idées intellectuelles que vous aviez sur le sujet !

Demande-t-on : « Pouvez-vous m'enseigner comment dormir ? » Non.

De la même manière, il n'est nul besoin de demander comment méditer.

Pour vous endormir, vous n'avez pas besoin d'y penser, et il en est de même pour méditer, il n'y a pas lieu d'y penser. C'est une expérience « sans pensées ».

Dormir n'est pas une action que l'on effectue par le biais de la volonté : nous ne pouvons saisir le moment où nous entrons en sommeil. Nous ne pouvons l'inviter. Il vient de lui-même.

Pour ce qui est de la méditation, il faut y entrer dans un abandon total, et le même pouvoir qui s'est emparé de vous au moment de dormir peut curieusement aussi s'emparer de vous pour la méditation. Nous n'avons généralement pas conscience du processus de sommeil, car nous y succombons.

Un abandon total

Asseyez-vous silencieusement – le silence est une attitude mentale – sans rien faire. Cet abandon est vital… et délicieux. Abandonnez-vous à la méditation comme vous vous abandonnez au sommeil. Méditer, c'est débrayer.

8. Méditer, c'est se taire, ne plus faire

Ne pas s'agripper est une chose, se laisser faire en est une autre. Nous confondons ce que nous sommes en vérité avec nos pensées. Nous ne devons pas pactiser avec elles. Je ne suis pas ce que je pense et ma pensée ne reflète pas le réel – comme je me suis toujours plu à le croire. Depuis notre enfance, nous pensons, nous agissons, nous nous agitons. Cela, c'est vivre en surface ! L'esprit est bien plus qu'un cerveau qui pense !

Méditer, c'est voir les pensées, les reconnaître et les lâcher. Elles sont éphémères, comme les sensations ou les émotions. Les lâcher, et accepter de se laisser porter par ce qui vient, par ce que la vie me propose de vivre, sans vouloir capter ce qui me convient, sans refuser ce qui ne me convient pas.

Je ne me trouble pas, quoi que je ressente ou pense. Je quitte la surface et je regarde ce qui se passe en profondeur. Je suis assise, je ressens la mouche sur mon bras, le début d'un fourmillement au mollet, j'entends la sirène d'une ambulance, le klaxon d'une voiture bloquée par un camion, les pensées folles, banales ou tristes qui m'assaillent. J'inclus tout dans ma méditation, j'accepte tout.

Alors je ne fais plus rien, je ne tiens plus les rênes, je me laisse faire par la Vie. C'est immense, vous verrez.

Pureté et aridité du moment présent : l'exercice de l'attention

Parole de sage

« Il est plus important de se vaincre soi-même que de vaincre les autres. »

TAMURA Senseï,
maître d'aïkido.

Pour plonger corps et âme dans le présent, il n'y a pas cent façons. Il faut pratiquer la vigilance. L'exercice se pratique assis. En effet, il y a une façon d'être *physiquement* assise qui favorise l'attention. C'est pourquoi la paresseuse débutante sera tout à l'heure invitée à s'asseoir le dos droit et dans l'immobilité. Afin d'exercer l'attention, la méditante qui débute est conviée à se fixer sur l'acte de respirer, sur l'air qui entre et sort de ses narines. Ensuite, tout en restant centrée sur l'inspir et sur l'expir, la méditante accueille les informations qui sont reçues par ses sens.

Et ensuite ? Ensuite, il ne se passe rien d'autre que ce qui se passe !

J'ai une crampe ? Le vol d'un avion déchire le ciel ? Une brise passe par la porte entrouverte et un frisson délicieux me parcourt la nuque ? Un moustique rôde autour de moi ? La lumière du jour baisse ?

Il n'y a rien qui devrait être ou ne pas être. Instant après instant, dans une stricte immobilité, je ne fais rien d'autre qu'être assise et observer ce qui est.

C'est nu, c'est aride. Et pourtant, ça déclenche la révolution.

J'observe, autrement dit je ressens, mais sans intervenir.

Je constate que je rejette certaines sensations internes, que je désire telles autres, ou encore que je m'ennuie à tel moment. Je vois comment je fonctionne. J'apprends à me connaître dans l'instant. C'est tout.

Comment parvenir à l'attention

« *L'effort ici est de n'en faire point. [...] C'est le plus grand de tous les efforts. Il ne s'agit pas de conquérir, mais au contraire de contenir assez de vide, assez d'espace pour devenir une terre d'accueil* », estime la philosophe Simone Weil.

L'effort consiste ici à ne pas être actif. Et à devenir tout entier accueil, coupe.

9. Méditer, c'est pratiquer, pratiquer, pratiquer

La méditation ne s'apprend pas, elle se pratique ! Les maîtres traditionnels de l'Orient et les enseignants occidentaux le répètent sans cesse : mieux vaut une pratique régulière que de jouer les athlètes et en faire beaucoup sporadiquement. Vous n'êtes pas là pour en mettre plein la vue à je ne sais qui à l'extérieur, mais pour vous découvrir à l'intérieur. C'est une histoire de face-à-face et d'humilité, sans podium et sans public.

La pratique répétitive est la clé. « *Plus vous ferez un exercice à fond et plus nombreux seront les secteurs de votre vie fécondés par cette profondeur. Et voilà le grand principe de tous les exercices sur le chemin de la sagesse : il s'agit de renouveler toujours la même chose, toujours la même chose* », disait Graf Dürckheim à son élève Jacques Casterman. Et quand ce dernier lui a avoué qu'en répétant toujours et toujours la même chose, il avait l'impression de tourner en rond, son maître lui a rétorqué : *« Je suis heureux de vous entendre dire ça, parce que lorsque l'on tourne en rond, on approfondit le rond dans lequel on tourne. »*

La méditation est un exercice d'approfondissement de conscience.

Si l'exercice est toujours le même, l'expérience intérieure née de la pratique – et éprouvée en pratiquant – est toujours neuve, toujours plus profonde.

Si on répète encore et toujours le même exercice, c'est pour renouveler et approfondir l'expérience. Et entrer ainsi dans un processus de maturation.

Persévérance et patience

Il ne faut pas se leurrer : la pratique exige de la persévérance et de la patience. Voilà *a priori* deux gros mots qui font paniquer les paresseuses ! On se détend ! Car la persévérance dans la pratique de la méditation est un thème délicat, car il s'agit de persévérer, mais sans se crisper ni ressentir de frustration, sans vouloir à tout prix réussir.

La méditation nécessite de lâcher prise, ce qui n'est pas compatible avec un mental plein de désir de réussite. Il va falloir découvrir la « persévérance sereine ». Vu comme ça, c'est déjà plus accessible et plus sympa…

De même qu'un marathonien doit s'entraîner tous les jours pour améliorer sa performance, il faut pratiquer la méditation tous les jours, ou du moins régulièrement, afin d'obtenir les meilleurs résultats.

La régularité est essentielle, surtout pour les débutantes, car elle permet d'adopter de nouvelles habitudes. Et Dieu sait combien nous avons pris de mauvais plis. Il n'y a pas de mystère : la pratique de la méditation s'acquiert en répétant inlassablement les exercices.

Mais il y a une bonne nouvelle qui ne gâche rien : plus vous répétez la pratique, plus elle est différente. Donc pas de lassitude en vue. Certes, cela paraît long parfois, on se sent en échec, on part mentalement ailleurs toutes les deux secondes, on a envie d'être partout sauf ici et maintenant. Mais une méditation identique à celle de la veille, je ne connais pas ! Le jeu en vaut la chandelle puisque vos peurs vont progressivement être identifiées, donc mieux canalisées, vos pensées ne feront plus la loi dans votre vie, vos intuitions se multiplieront et vous aideront à prendre des décisions justes, à poser des actes justes. Personnellement, méditer m'a permis de gagner un temps fou dans ce que j'entreprends !

10. Méditer, c'est « rentrer à la maison »

Cette définition très fine et très juste vient du maître de méditation bouddhiste Fabrice Midal[4]. Quelles que soient

4. Pratiquant depuis plus de 25 ans, philosophe et guide de méditation, il est notamment l'auteur d'un excellent *Pratique de la méditation,*

l'excitation et les surprises des voyages, nous avons tous besoin de rentrer à la maison, de retrouver notre intimité, notre demeure, de nous y poser, nous reposer avant de repartir.
Revenir à la maison, revenir à soi.

C'est pourquoi méditer ne peut pas être un « extra », c'est une façon d'être au quotidien, une façon d'être en contact avec le réel, de lui faire face. Ce n'est pas une envolée au pays des Bisounours, ni dans une contrée magique où tout devient simple et rose !
Aujourd'hui je médite sur mon tapis, extérieurement calme, alors qu'en moi, il me semble que tout n'est qu'agitation, tristesse, dispersion, impatience… J'y vais pourtant comme je suis, sans jugement, avec mes états d'âme, mes souffrances, mes difficultés. Et mes fenêtres grandes ouvertes… J'accepte ce que je suis *dans le moment*. Le calme est là, je n'y ai pas encore accès pour l'instant, c'est tout.

---

un regard plus clair sur votre vie et sur le monde, Le Livre de Poche, avec un CD. Et aussi de *12 Méditations pour s'ouvrir à soi et aux autres*, accompagné de CD de méditations guidées, aux éditions Audiolib. Pour méditer sous sa guidance à Paris ou lors de stages, voir son site : www.fabricemidal.com. Il a fondé l'École occidentale de méditation.

Et maintenant, qu'est-ce qu'on fait ?

Vous brûlez désormais d'impatience de sauter au chapitre 5 et de vous mettre à la méditation ? Ou bien vous avez besoin de vous rassurer encore un peu avant de vous lancer ? Dans tous les cas, ce livre est fait pour être parcouru dans l'ordre qui vous convient.

Vous pouvez vous lancer, pratiquer un peu, puis laisser mitonner. Puis revenir en arrière pour éclaircir un point si cela vous est nécessaire. Picorez en fonction de votre appétit, mais évitez cependant la boulimie. On l'a assez dit : le mental est insatiable, donc on veillera à ne pas le gaver. Ce serait tout à fait contre-productif.

Vous pouvez aussi continuer à lire encore un moment pour vous pénétrer davantage de l'esprit de la méditation. Ce sera une façon de découvrir toutes les bonnes raisons que vous aurez de ne bientôt plus différer ! À un moment, il faudra sauter dans le grand bain !

Ce livre n'a d'autre ambition que de vous donner envie d'allumer la flamme de l'assise et du silence.

Pour l'heure, c'est à vous de choisir ce qui vous convient, là, maintenant.

Chaque paresseuse va à son rythme, sans culpabiliser et sans se comparer aux autres. Une fois n'est pas coutume…

Mémo
Les points clés du chapitre 1

• La méditation n'est ni une tisane, ni un anesthésiant, ni un antidépresseur ! C'est une expérience directe à vivre avec nos cinq sens.

• Ne surtout pas attendre de la méditation qu'elle soit un lieu de performances. C'est en faire une simple technique et la détourner de sa vocation, qui est de faire émerger notre être essentiel.

• Méditer, c'est s'asseoir et observer.

• Garder son esprit sur sa respiration et ne pas se disperser.

• Il faut entrer dans la méditation dans un abandon total : alors le même pouvoir que celui qui s'empare de vous pour dormir peut curieusement s'emparer aussi de vous pour la méditation.

• Nous pensons, nous agissons, nous nous agitons. Cela, c'est vivre en surface ! Méditer, c'est quitter la surface et regarder ce qui se passe en profondeur, c'est observer l'instant présent sans intervenir.

• La méditation ne s'apprend pas, elle se pratique !

• Répéter encore et toujours le même exercice pour renouveler et approfondir l'expérience et entrer ainsi dans un processus de maturation, de transformation.

• La régularité est essentielle, surtout pour les débutantes, car elle permet d'adopter de nouvelles habitudes.

2

Pourquoi méditer ?

Pourquoi la méditation est-elle faite sur mesure pour les paresseuses

La méditation est une « non-activité » rêvée pour les paresseuses ! Pourquoi ? Parce qu'il suffit de s'asseoir, entre cinq et vingt minutes par jour, et ne plus rien faire d'autre qu'être assise, immobile. Qui dit mieux ?

Il n'y a rien à obtenir non plus, pas d'objectif à atteindre ni d'étapes à franchir. Une méditation peut être calme, une autre agitée, les deux font partie du chemin et l'une n'est pas meilleure que l'autre. Un jour, on a rendez-vous avec la paix, et un autre, une chose enfouie depuis des années remonte à la surface. Méditer fait remonter des choses du passé. Des éléments enfouis depuis plus ou moins longtemps peuvent être effrayants, mais c'est aussi très profitable ! Vous l'avez compris : la méditation va vous transformer.

On peut ainsi pratiquer un quart d'heure dans un très beau silence après une saine engueulade, comme affronter un brouhaha mental intenable en se réveillant de bonne humeur de sa sieste. En la matière, l'imprévisible règne en roi !

Méditer n'est donc pas réservé aux moines ni à des êtres plus doués ou plus spirituels que les autres ! Les expériences se succèdent, bonnes ou moins bonnes, pour tout le monde. Il n'y a pas de concours à perdre ni à gagner, pas de bons points ni de bonnet d'âne.

Vous allez changer progressivement. Inspiration après inspiration, méditation après méditation, jour après jour. C'est tout. C'est sûr.

L'invitation à ce voyage intérieur est faite à tous puisque nous négligeons et méconnaissons tous notre esprit…
Les paresseuses sont donc les bienvenues. Par ailleurs, n'ayez crainte, personne ne vous remarquera : quand on médite, on est seul au monde (et « en communion » avec tous).

Méditer, un phénomène de société et un art multiséculaire

Ces dernières années, la méditation est devenue l'un des sujets phares, quasiment une nouvelle mode. Les livres d'initiation, écrits par des pratiquants, permettent de faire les premiers pas, les stages fleurissent et permettent de sauter le pas en groupe, ce qui s'avère souvent très bénéfique. À voir comment les médias se jettent sur la méditation comme sur un nouveau produit de consommation, on en oublierait presque que les hommes méditent et s'exercent à vivre l'instant présent depuis des millénaires. Mais ce qui fait l'actualité du sujet, c'est son récent « détournement » comme outil d'épanouissement personnel et le fait que ses bienfaits aient été validés par la science. Et c'est tant mieux !

Plus qu'une mode, une demande profonde

Le récent engouement pour l'assise méditative est bien davantage qu'une mode ou qu'un épiphénomène, c'est une demande profonde. Et l'on pressent qu'elle ne sera pas passagère. Les observateurs notent un retour en force de la philosophie et de la métaphysique à une époque où les repères extérieurs sont trop branlants, trop instables. Le monde moderne a besoin de s'arrimer à du solide, à des forces durables. Le chant des sirènes était trop beau pour être vrai, on en est revenu. Ce n'est pas de mirages dont nous avons besoin, mais de vérité. Or, la méditation offre à la vérité un chemin royal.

Des bienfaits prouvés par la science

Même si l'on médite sans objectif, il est intéressant de savoir que les bienfaits de la méditation sont reconnus par la science. Cela fait peut-être même une bonne raison de plus de s'y mettre !

Selon des analyses scientifiques conduites dès le début des années 1960 à Harvard et à Los Angeles aux États-Unis, la méditation produit un état de relaxation profond où, contrairement au sommeil et à l'hypnose, l'esprit reste éveillé et en alerte. Les ondes qu'émet le cerveau changent de nature. Parallèlement, les ondes lentes – dites alpha –, qui ne se présentent qu'en étant détendu, augmentent et les ondes bêta, liées aux phases du sommeil profond, apparaissent. Les sujets en état méditatif inspirent de l'oxygène et expirent du gaz carbonique en quantité cinq fois moindre que lors d'une relaxation conventionnelle. La tension artérielle baisse, les rythmes cardiaque et respiratoire ralentissent de manière spectaculaire. L'état physiologique procuré par la méditation apparaît comme l'opposé de celui provoqué par la peur ou la colère. « *Pourquoi notre corps répond-il de cette façon durant la méditation ? [...] Un facteur semble lié à l'aspect fondamental de la méditation : c'est la concentration sur une seule chose à la fois. Les signaux auxquels doit répondre le corps sont plus simples et plus cohérents pendant la méditation qu'en presque toute autre circonstance.* » (Lawrence Le Shan, *Méditer pour agir*, éditions Seghers.)

Des bienfaits cumulatifs

Une raison supplémentaire de pratiquer : les bienfaits de la méditation sont immédiats, mais valables aussi sur le long terme, isolés mais en même temps cumulatifs : plus on médite, mieux on se porte.

Méditation et bien-être

L'intérêt de la méditation comme outil de bien-être et de santé a connu un essor important grâce aux travaux de Jon Kabat-Zinn, docteur en biologie moléculaire et professeur de médecine à l'université du Massachusetts. Il a conçu des ateliers de réduction du stress fondés sur quelques mouvements de yoga très simples et sur la méditation. Des ateliers destinés aux personnes malades ont été implantés dans plus de 250 centres médicaux dans le monde. En effet, méditer augmenterait les sentiments « positifs ». Lorsque l'on ressent des sentiments positifs, comme la joie, la curiosité, l'enthousiasme ou la fierté, l'activité électrique est prédominante dans une zone précise du cerveau (le cortex préfrontal gauche). En état de méditation, cette zone s'active particulièrement. La méditation favoriserait donc l'activité cérébrale des zones associées aux sentiments positifs tout en inhibant celles qui sont reliées à l'anxiété et aux sentiments négatifs. Cela pourrait à la longue agir sur le tempérament et le rendre plus « positif ».

Matthieu Ricard, docteur en biologie cellulaire, moine bouddhiste et traducteur du dalaï-lama, considère lui aussi que si l'on peut s'entraîner pour jouer au tennis ou au piano, on peut aussi s'entraîner au bonheur, à la conscience, à la présence, à l'altruisme, à la bonté… On y parviendrait par la méditation, qui n'est rien d'autre que l'entraînement de l'esprit, une façon de calmer le cheval fou dont parlent les bouddhistes.

**Jon Kabat-Zinn,
ce pionnier occidental à qui l'on doit tant !**

Docteur en biologie moléculaire au *Massachusetts Institute of Technology* (MIT), Jon Kabat-Zinn est l'inventeur de la méditation laïque. Il a ouvert en 1979 la première « clinique de réduction du stress », fondée sur la pleine conscience (*"Mindfull Based Stress Reduction"*, MBSR). Il est aujourd'hui directeur de plusieurs institutions, dont l'association qui organise les rencontres annuelles entre le dalaï-lama et les scientifiques.

La MBSR consiste, en s'appuyant sur la respiration, à prêter attention à l'instant présent et à lui seul. C'est un temps pour le « non-agir », pour se retrouver avec soi-même alors que l'on évolue constamment en « pilote automatique ».

Jon Kabat-Zinn propose à ses patients, en guise d'introduction au programme de réduction du stress par la pleine conscience (voir la seconde partie), l'exercice du grain de raisin. Il leur offre un raisin de Corinthe, qu'ils doivent toucher, palper, humer et même écouter, puis sucer, mordre et enfin avaler, en concentrant toute leur attention sur leurs sensations successives. *Carpe diem.*

Grâce à toutes les études qu'il a menées, il a validé scientifiquement les effets positifs de la méditation et permis aux Occidentaux – qui ont besoin de preuves pour se rassurer – de se lancer dans cette passionnante pratique.

Aux États-Unis, 550 centres, hôpitaux ou cliniques utilisent la MBSR ; ils sont aujourd'hui 700 à travers le monde. En Amérique du Sud, à Hong Kong, en Australie, des établissements renommés s'ouvrent à ce programme. En France, le docteur Christophe André l'utilise depuis 2004 à l'hôpital Sainte-Anne à Paris avec ses patients anxieux et dépressifs.[5]

Parole de sage

« La pleine conscience signifie être attentif d'une manière particulière : délibérément, dans le moment présent et sans jugement. »

Jon KABAT-ZINN.

5. Pour pratiquer la méditation de pleine conscience, il existe quantité d'adresses. Voir par exemple : www.pleineconscience-mindfulness.fr.

Faire de la place

Vous êtes pleine de tout ? La méditation est un moyen de faire le vide. La vie n'est pas un grenier que l'on remplit, c'est un espace, et un espace qui ne demande qu'à s'élargir. Le chemin ne consiste pas à acquérir ce qui nous manque, mais à perdre ce qui est en trop. Un changement d'habitude copernicien, non ? Paresseuse, vous voulez en *faire* le moins possible ? Vous venez peut-être de trouver l'activité que vous cherchiez depuis si longtemps…

Notre mental occupe tout l'espace, il veut toute la place pour lui.

Méditer, c'est s'offrir quelques minutes de retrait, loin de l'agitation réelle ou supposée, pour tenter l'expérience de ne plus rien *faire*, pas même penser. Ni à ce que l'on a fait avant, ni à ce que l'on va faire après ! Rien faire, rien de rien. Juste se détendre, respirer et observer avec neutralité.

Poser sa conscience sur une seule chose – comme la respiration – sans intervenir pendant cinq minutes, relève de l'exploit au début. Je ne plaisante pas. Essayez et vous verrez que votre mental viendra mettre son nez dans cette observation neutre au bout de quelques secondes seulement. C'est irrespirable pour lui.

Ma nuque me gratte. Je pense au dîner de ce soir. J'ai une crampe au pied gauche. Je ne peux m'empêcher de penser à ceci ou à cela ? Cela est.

J'ai des pensées, des sensations, des émotions. Je ne suis pas ma pensée, je ne suis pas mes émotions. Constater ce qui est pendant que je suis assise immobile. Sans s'impliquer. Comme on ferait ses gammes sans juger de la beauté des sons, juste pour exercer la dextérité de ses doigts et la finesse de l'ouïe.

Ne rien ajouter, ne rien retrancher. Ne rien commenter, ne rien interpréter. Sortir des conditionnements et des toxines mentales.

On ne cherche rien, on attend, confiante.

Méditer, ce n'est pas faire le vide (c'est d'ailleurs une mission impossible avec toutes ces pensées parasites !), c'est plutôt devenir conscient que nous n'y parvenons quasiment jamais. Méditer est un exercice d'observation, ni plus ni moins.

Un témoin silencieux observe son corps, ses douleurs, ses contractions et son mental tout en maintenant une posture. Il observe le monde qui vit en lui et en dehors de lui ; en observant, il prend du recul par rapport à ces mouvements incessants.

Mon pied est endolori, je ne trouve cela ni bien ni mal et je ne cherche pas à changer de position pour que la circulation sanguine se fasse. J'observe et je ne bouge pas, je suis connectée au réel tel qu'il est. Observer et entrer dans la connaissance de soi.

Comme le propose Matthieu Ricard dans son excellent *L'Art de la méditation* (éditions Nil), la façon de gérer les pensées ne consiste ni à les bloquer ni à les nourrir indéfiniment, mais à les laisser survenir et se dissoudre d'elles-mêmes, de sorte qu'elles n'envahissent pas notre esprit. Ainsi, en apprenant à laisser aux choses leur liberté d'être, on devient libre aussi. Libre de faire enfin de la place à tout ce qui, dans la vie, n'est ni activités, ni pensées, ni émotions.

Le champ à explorer est infini et nous l'ignorons, car c'est un chemin que nous n'avons pas encore fréquenté.

On voudrait toujours méditer avec un but : faire le vide, se détendre, trouver le calme… Dans les arts martiaux, les Japonais parlent de *Muso toku* : il n'y a rien à réaliser, rien à obtenir.

En méditant, il arrive de ressentir une sorte de vide intérieur. Ce n'est pas le vide apathique de la personne qui somnole ou qui est indifférente, c'est une « sorte » de vide et il provient de l'arrêt des pensées. Au début, vous remarquerez le silence et l'idée vous traversera l'esprit : « Je ne pense plus. » Ce sera encore une pensée, d'un genre très subtil. Ne vous y trompez pas. Quand une certaine paix descend sur vous, ne verbalisez rien, vous détruiriez instantanément l'expérience.

Conte de sagesse zen

Un grand professeur d'université rend visite à un célèbre maître zen. Pendant que ce dernier commence à servir tranquillement le thé, le professeur lui demande de lui parler du zen. Le maître continue calmement à verser le thé, il continue, continue et le thé commence à déborder de la tasse, mais le maître continue.

Le professeur, incapable de se contenir plus longtemps, s'exclame :
« Stop ! Vous voyez bien que c'est plein à ras bord, plus rien ne peut entrer !
– Vous êtes comme cette tasse, répond le maître zen. Comment puis-je vous montrer quelque chose si vous ne videz pas votre tasse d'abord ? »

Ce que la méditation n'est pas

La relaxation n'est pas la méditation…

… quand bien même on a une fâcheuse tendance à les confondre. Alors que le mot qui se rapproche le plus de « méditation » est le mot « concentration ». La relaxation est une libération mineure des tensions musculaires et des angoisses qu'elle traduit. À partir de ce lâcher-prise psychophysiologique, la personne peut s'ouvrir à une perception plus vaste. La relaxation est une conséquence accessoire de la méditation. Mais ne l'attendez surtout pas, car la détente sera au rendez-vous un jour et pas un autre !

La méditation n'apprend pas à lâcher une tension, mais à la considérer avec précision. Prétendre que la pratique vise à nous faire vivre un moment de relaxation est un contresens. La méditation nous permet d'accepter, ou tout au moins d'éprouver, pleinement les pensées et les états émotionnels que nous traversons. Nous ne cherchons pas à modifier notre expérience mais à y être pleinement attentifs. Méditer ne sert pas à se sentir bien dans sa peau mais à se demander qui vit dans cette peau…

Se concentrer n'est pas non plus méditer

La concentration n'est qu'une phase préparatoire : en se focalisant sur un objet, intérieur comme la respiration ou extérieur comme un mandala, le mental se fortifie et s'apaise. C'est une façon de vaincre l'une des principales faiblesses du mental qui est la dissipation.

Faire de l'introspection n'est pas non plus méditer

L'introspection est une réflexion. Et la méditation est tout, sauf une masturbation intellectuelle ! Le mental, et donc notre ego, est notre pire ennemi sur le chemin de la vie.

Parole de sage

« La méditation dans son apprentissage est comme un cours d'anglais où on va par petites touches, en augmentant la difficulté au fur et à mesure. En anglais, on va faire un exercice de grammaire, on va écouter un audio, on va mémoriser du vocabulaire. La finalité n'est pas d'être bon pour être bon, mais c'est bien de pouvoir communiquer avec des anglophones et vivre avec eux sans la barrière de la langue. La méditation formelle a le même rôle d'entraînement, on fait des exercices dont la finalité sera de pouvoir savourer la vie à sa juste valeur sans être englouti par une peur, une forte émotion, une angoisse réveillée par un événement

extérieur et avancer sur des projets qui tiennent vraiment à cœur. »

Jonathan Rigottier,
auteur du site www.mediter-pour-etre-heureux.com

Être *là*

On vit tous à cent à l'heure. On n'a plus le temps de rien. Surtout pas celui d'être là où l'on est ! On se roule volontiers dans le passé, on se projette dans le futur, mais on rate notre expérience : accueillir la réalité telle qu'elle est. Là, tout de suite. *Hic et nunc.*

Eckart Tollé, auteur du célèbre livre *Le Pouvoir du moment présent* (éditions J'ai Lu), décrit très clairement ce qui nous arrive : « *Le mental est un magnifique outil si l'on s'en sert à bon escient. Dans le cas contraire, il devient très destructeur. Plus précisément, ce n'est pas tant que vous utilisez mal votre "mental", c'est plutôt qu'en général vous ne vous en servez pas du tout car c'est lui qui se sert de vous. Et c'est cela, la maladie, puisque vous croyez être votre mental. C'est cela, l'illusion. L'outil a pris possession de vous.* »

Nous sommes esclaves de notre mental et nous ne nous en rendons pas compte. Être là, c'est *observer le penseur.*

Chaque jour de la vie semble composé de milliers d'instants au cours desquels ont lieu divers événements. Mais à y regarder de plus près, n'y a-t-il pas qu'un seul moment ? La vie n'est-elle pas « ce moment », toujours ? Quels que soient les événements ou les changements de votre vie, une chose est certaine : *c'est toujours maintenant.*

Le passé nous a déjà échappé, le futur ne nous appartient pas et pourtant nous passons un temps fou à regretter l'un et à appréhender l'autre. Hélas, notre mode de vie nous presse à un point tel qu'il nous empêche d'avoir le recul nécessaire et surtout d'entrevoir l'atemporel qui se cache dans l'instant.

Le temps indiqué par les montres, celui après lequel nous courons, celui qui nous manque pour faire tout ce que l'on a à faire, n'a rien à voir avec le temps intérieur, le temps de la vie et de l'expérience, celui où l'on a juste à être.

Dans ce qui me préoccupe maintenant, qu'est-ce qui est durable dans le temps ? Rien, ou bien peu de chose, sans doute. La méditation permet d'entrer dans un autre temps, le temps du présent, où tout est éternel.

De fait, il n'y a de bonheur qu'au présent. Encore faut-il ne pas l'ignorer !

En effet, n'étant jamais dans l'instant présent, vous laissez glisser la vie entre vos doigts. L'exercice de l'attention va vous permettre d'être entièrement là, tranquillement là, présente à la tâche qui est la vôtre à l'instant.

Vous êtes actuellement en train de lire, et rien d'autre. Ce que vous ferez tout à l'heure ne vous intéresse pas, ne vous concerne pas.

L'exercice de l'attention fait du présent votre demeure.

Exercice pratique : s'exercer au présent

Ne rien faire, ce n'est pas prendre du temps pour soi, c'est tout simplement… ne rien faire. Tout au plus s'asseoir à la terrasse d'un café devant un thé et attendre. Quoi ? Rien…

Cette pause dans le temps, les artistes la connaissent bien. Pour eux, c'est une « mise en disponibilité » pendant laquelle l'inspiration peut survenir. Au cours de votre journée, arrêtez-vous de temps en temps. Asseyez-vous dans un coin de la cuisine, sur un banc dans un jardin, allongez-vous sur votre lit en regardant le plafond. Expérimentez le moment présent en vous disant : « Je ne fais rien. »

Ces moments de « jachère psychique » permettent de rompre avec le rythme quotidien et de laisser l'esprit vagabonder. Ne rien faire est une façon de renouer avec sa vie intérieure, de s'ouvrir à de nouvelles idées, d'écouter ses intuitions. Il faut s'exercer à l'instant.

« Quand on vit dans le moment présent, on est toujours en vacances », disait Ghandi.

Où suis-je ?

Être présent signifie être *là*, présent à l'instant présent. Ainsi, on peut vraiment sentir, voir, entendre, savoir ce qui se passe. Être présent veut dire être avec ce qui se passe en nous et autour de nous, à l'écoute de nous-mêmes et des autres, dans le réel. C'est être ouvert, disponible, sans jugement et sans *a priori*.

Commencez dès maintenant. Là, tout de suite, où êtes-vous ? Là ou ailleurs ? Dans l'instant, hier, demain ? À votre travail ? En train de penser au repas de ce soir ? À la conversation de cet après-midi ?

« Là, maintenant, où suis-je ? » Se poser la question sans se lasser, dès que l'on y pense. Elle est centrale, vitale même. Parce que la vie n'est pas ailleurs comme on veut parfois le croire pour se rassurer ou se dédouaner de ce qui n'a pas lieu, elle est ici et maintenant… Et si on essayait de *vivre à propos* ?

Conte de sagesse bouddhiste

On demanda un jour à un maître qui savait méditer comment il faisait pour être si recueilli, en dépit de toutes ses occupations. Il répondit :

« Quand je me lève, je me lève.
Quand je marche, je marche.
Quand je suis assis, je suis assis.
Quand je mange, je mange.
Quand je parle, je parle. »

Les gens l'interrompirent en répliquant :
« Nous faisons de même, mais que fais-tu de plus ?
– Quand je me lève, je me lève.
Quand je marche, je marche.
Quand je suis assis, je suis assis.
Quand je mange, je mange.
Quand je parle, je parle. »

Les gens lui dirent encore une fois :
« C'est ce que nous faisons aussi !
– Non, leur répondit-il.
Quand vous êtes assis, vous vous levez déjà.
Quand vous vous levez, vous courez déjà.
Quand vous courez, vous êtes déjà au but… »

Méditer pour se rencontrer

Combien d'entre nous se connaissent vraiment ? En réalité, jusqu'à votre dernier souffle, vous n'aurez pas encore révélé l'être prodigieux que vous êtes. Vous êtes en perpétuel devenir : quelle joyeuse nouvelle à crier, à chanter sur les toits !

La vie en nous n'a jamais fini d'éclore. Nous n'allons pas vers le vieillissement et la mort, comme nous le croyons, nous nous dirigeons, si nous en arrosons le germe, vers la vie, comme le gland se dirige vers le chêne.

Je ne vous demande pas de me croire. En méditant, vous le vérifierez par vous-même.

Nous avons une représentation fausse de nous-mêmes. Nous sommes trop tièdes, trop timides, trop farouches, nous ne voulons pas croire que nous sommes tellement plus belles, plus vivantes, plus surprenantes, plus libres !

Ballottées entre l'émotionnel et le matériel, nous nous berçons d'illusions, nous nous confondons avec des images préfabriquées de nous-mêmes – essentiellement par d'autres. En réalité, nous sommes exilées à l'extérieur de nous-mêmes, enfermées dans des conditionnements, dans des rôles.

Rares – parfois même inexistants – sont les moments de réel face-à-face, à part avec notre miroir. Et ce dernier ne nous dit pas la vérité, car il regarde nos rides, pas notre être profond.

Or, paresseuse ou pas, douée ou pas, nous cachons toutes un être intérieur de toute beauté, un être épris et digne de liberté que la pratique méditative nous dévoile.

Mais ne vous voilez pas la face pour autant. L'assise immobile et silencieuse éclairant la conscience, vous lirez bientôt en vous comme dans un livre ouvert. Méditer, donc se rencontrer, réserve toujours des surprises et, autant le dire tout de suite, il y en a des bonnes et des moins bonnes.

Il y a tant de choses en nous dont il faudrait se débarrasser pour « bien faire ». Mais méditer, vous êtes en train de le comprendre, c'est avancer dans l'être, pas dans le faire ni dans le « bien faire » ! Les choses vont tomber naturellement, d'elles-mêmes, progressivement. Ou pas. Il n'est pas nécessaire de se débarrasser de tout, tout de suite ! Il y a des épines ou des obstacles dont on a encore « besoin » pour se transformer.

Durant la méditation, vous vous donnez la chance d'être dans la vision claire de ce qui sous-tend toutes vos actions : j'existe, je respire. On oublie cette réalité, la seule réalité, du matin au soir et du soir au matin. Comment est-ce possible ? Pratiquer, c'est revenir au réel. Être en relation avec soi, *en contact*, enfin.

S'asseoir et observer sa respiration, c'est en effet apprendre à être dans une présence de plus en plus attentive à soi-même, écouter ce qui vit, maintenant. Sentir une seconde s'écouler après l'autre. Faire l'expérience du temps, de la durée à l'état pur. Non pas du temps qui passe vite ou lentement, mais du temps intérieur, qui bat avec notre pouls, avec notre respiration.

Rassurez-vous : méditer, ce n'est pas s'asseoir et avoir des pensées élevées, mais se rapprocher de l'état d'être ; quand plus rien ne vous distrait du présent, votre conscience « est ».

Vous pouvez enfin vous déployer, devenir qui vous êtes. Nous avons perdu assez de temps comme ça, non ? La curiosité de devenir vous-même ne vous gagne-t-elle pas ?

Témoignage : une première expérience de méditation

« Depuis l'adolescence, je fréquentais les livres sur le bouddhisme. Je me souviens de m'être demandé : le Bouddha a-t-il raison ? Quelque chose fait-il vraiment défaut aux hommes dans la façon dont ils vivent… J'ai décidé d'aller voir par moi-même, de ne plus rien chercher à comprendre, mais simplement de m'asseoir. La première fois que j'ai pratiqué la méditation, j'ai pleuré. On m'a demandé pourquoi et j'ai alors répondu : "J'ai tellement attendu." Il me semblait avoir perdu tant d'années… J'en ai été inconsolable pendant plusieurs mois. Jusqu'alors, vivre m'était difficile ; je voyais enfin, à travers cette écoute de l'expérience nue, comment faire… La pratique est devenue le centre de mon existence. La méditation est le cœur de la voie spirituelle, elle ouvre un chemin au vif de notre existence. »

Fabrice Midal,
philosophe et maître de méditation.

De la dispersion vers le centre : méditer, c'est revenir à soi

La dispersion nous tue, on le pressent intuitivement. Ce n'est qu'en revenant à soi, au centre, que l'on peut devenir et être. Mais c'est une démarche que personne ne peut faire à votre place.

Pour changer, il n'y a pas de mystère : tout, dans votre vie, doit devenir conscient ! Ainsi, celui qui décide de prendre le chemin de la méditation va commencer par prêter attention à sa façon de respirer, à sa position, puis à sa manière de marcher, de prendre sa douche, aux moments où il est tendu ou relâché, à ses sensations… Il va aux devants de découvertes qui ne peuvent être sans lendemain. Méditer jour après jour éveille progressivement la conscience.

Peu à peu, vous apprendrez à ne rien croire de ce qui est établi et à tout tester, car seule votre propre expérience peut permettre votre évolution…

Mémo
Les points clés du chapitre 2

• La méditation n'est ni une relaxation, ni un exercice de concentration, ni une introspection. Ce n'est pas non plus s'asseoir et avoir des pensées élevées.

• Méditer n'est pas réservé aux moines ni à des êtres plus doués ou plus spirituels que les autres ! Les expériences se succèdent, agréables ou non, pour tout le monde. Une méditation sera calme, une autre agitée, les deux font partie du chemin et l'une n'est pas meilleure que l'autre.

• Les bienfaits de la méditation sur la santé sont nombreux et reconnus par la science. Par ailleurs, la méditation favoriserait l'activité cérébrale des zones associées aux sentiments positifs, tout en inhibant celles qui sont reliées à l'anxiété et aux sentiments négatifs.

• La vie n'est pas un grenier que l'on remplit, c'est un espace, et un espace qui ne demande qu'à s'élargir. Le chemin ne consiste pas à acquérir ce qui nous manque, mais à perdre ce qui est en trop.

• Méditer est un exercice d'observation, ni plus ni moins. Observer le monde qui vit en vous et en dehors de vous. La façon de gérer les pensées ne consiste ni à les bloquer ni à les nourrir indéfiniment, mais à les laisser survenir et se dissoudre d'elles-mêmes.

• Durant la méditation, on se donne la chance d'être dans la vision claire de ce qui sous-tend toutes nos actions : j'existe, je respire.

• Pour changer, il n'y a pas de mystère : tout, dans notre vie, doit devenir conscient !

3

Les dix règles d'or de la débutante (sachant que nous sommes d'éternelles débutantes...)

On va enfin arrêter de courir, de se remplir, d'être impatiente. On va, au contraire, se désemplir, faire de la place au silence, à l'écoute, à ce qui est, à ce qui vient. Voici dix règles à ne pas oublier et à vivre au quotidien. Même quand vous serez une débutante qui médite depuis vingt ans !

1. L'esprit neuf de la débutante

Avez-vous remarqué que, si vous avez déconnecté de votre travail pendant quelques semaines, vous revenez avec un esprit frais, plus inventif, plus ouvert et que vous êtes largement plus efficace dans vos activités ? Il y a quelque chose qui va au-delà du fait que l'on est en meilleure forme après s'être reposée.

Alors, qu'est-ce qui fait que, après nous être « désinvesties » de notre travail, nous le reprenions avec une vision plus large et que nous viennent de nouvelles idées, pour l'organiser autrement, pour développer ou recentrer nos stratégies, pour rendre le quotidien plus intéressant ? Certains problèmes, laissés en jachère, trouvent immédiatement leur solution. Comme si, au fond, ne pas y avoir pensé nous avait permis d'y voir plus clair.

On peut y voir « l'esprit du débutant » dont parle le maître zen Suzuki. De quoi s'agit-il ? Lorsque nous découvrons une nouvelle situation, de nouvelles personnes, une nouvelle activité professionnelle, nous sommes attentives, l'esprit aiguisé, et nous percevons beaucoup de choses. Plus tard, avec l'habitude, peut-être une certaine routine, nous mettons des étiquettes sur les choses et les gens. Nous sommes moins présentes, moins attentives, l'esprit moins pénétrant, l'imagination émoussée. Nous n'inventons plus.

Méditer permet de garder cet esprit de débutant : vous le vérifierez par vous-même jour après jour, car ce qui vous attend dans l'assise est absolument neuf aujourd'hui. Ayez un regard désencombré de vos habitudes. C'est la seule façon de garder votre pratique spirituelle vivante.

Parole de sage

« Lorsque nous ne pensons pas à des objectifs, à des réussites, à nous-mêmes, nous sommes de vrais débutants. Alors nous pouvons véritablement apprendre quelque chose. Ainsi, la chose la plus difficile est de garder notre esprit de débutant. »

Shunryu SUZUKI,
Esprit zen, esprit neuf, « Points sagesse », éditions du Seuil.

Ne jamais devenir une experte

« L'esprit de débutant » aide à percevoir notre environnement (notre compagnon, nos enfants, notre meilleure amie, nos collaborateurs, nos problèmes…) sous un angle neuf. C'est l'une des clés pour retrouver cette inventivité, cette disponibilité d'esprit, qui confère plus d'aisance et de souplesse dans les relations avec autrui.

Dans l'esprit du débutant, il y a beaucoup de possibilités ; mais dans celui de l'expert, il n'y en a que très peu.

Parole de sage

« "Soyez comme des petits enfants..." Joindre les mains, chanter un remerciement avant le repas, s'incliner pour remercier... Tant de gestes qui ponctuent notre chemin sans que nous ne prenions le temps de les regarder avec les yeux d'un enfant : pourquoi... ? Tant d'instants à peine vécus, déjà oubliés, sans prendre le temps de s'émerveiller, car c'est maintenant, exactement, que le monde s'ouvre devant nous et déploie ses merveilles : une senteur de printemps dans la brise légère, un sourire qui dit merci, une petite pluie d'automne qui nourrit la terre et les sources... À celui qui lui demandait comment trouver le trésor dont parlaient tant de textes, le maître répondit : "Tes questions, à ce moment même, voilà le trésor..." »

Joshin Luce Bachoux, nonne bouddhiste.

2. Il n'y a pas de méditation « ratée »

Il est capital pour votre pratique de comprendre ce point : il n'y a pas de méditation réussie ni de méditation ratée. Notre idée de maîtrise et de contrôle, notre obsession du résultat, qui déterminent tant de nos actions, ne sont pas ici nécessaires. Si la méditation a un sens, il consiste précisément à nous délivrer du règne de l'efficacité à tout prix.

De toute façon, quoi que nous fassions, notre méditation sera parfois merveilleuse, parce que nous sommes pleinement présentes dans une profonde détente ; d'autres fois, elle sera au contraire difficile, parce que nous sommes alors confrontées à des tourments, des inquiétudes diverses. Une expérience n'est pas meilleure que l'autre.

Il n'y a rien à obtenir

Non, la méditation n'est pas un nouvel outil de notre monde utilitariste pour se sentir mieux. Non, la méditation n'est pas une lutte afin d'obtenir quelque chose, atteindre un quelconque état. Elle consiste à se poser et à voir les choses telles qu'elles sont, sans jugement. Il n'y a rien à refuser, rien à obtenir, il n'y a rien à réussir, il n'y a rien à rater. Tout est simplement là. La libération est alors grande, car on peut enfin se relâcher, oublier toute productivité inutile dans le but d'atteindre un objectif.

Il s'agit avant tout d'entrer en amitié, en harmonie avec soi-même dans l'instant présent, en étant « attentive » à sa respiration. Le mot « attention » n'est pas choisi au hasard, l'idée n'étant pas de se concentrer, ni d'essayer d'influer sur la respiration, mais simplement d'être un avec elle. En un sens, c'est proprement révolutionnaire.

Il n'y a plus de volonté à l'action, on fait simplement l'expérience vivante de la respiration qui n'a pas besoin de notre intervention pour être. Elle est, simplement.

Que l'on soit très énervée, respiration haletante, ou particulièrement sereine, respiration ample, cela n'a pas d'importance.

On s'assoit et on est un avec la situation, comme elle est, sans jugement.

Ça respire en nous, sans nous...

3. Prendre une décision, la reprendre chaque jour

Notre liberté consiste uniquement à choisir la direction que nous voulons prendre. Méditer exige une décision.

Une décision qui vaut pour les débutantes, mais qui est sans cesse à reprendre pour les « anciennes ». La décision de prendre ce temps-là, coûte que coûte. La décision de s'abstraire du monde un quart d'heure, pour se recentrer, un quart d'heure pour vivre là où rien ne bouge, là où rien n'est urgent, là où il n'y a pas de peur...

Il y aura toujours un empêchement, une chose plus importante à faire, une fatigue, une paresse... qui viendront s'interposer au moment même où vous voudrez méditer. Comme par hasard. Il s'agit d'assumer votre décision. Méditer est une pratique qui deviendra aussi naturelle que manger ou dormir, à condition de faire un petit effort au début. C'est une voie pour celles qui avancent jour après jour, pas à pas, qui ont un cap et qui s'y tiennent.

C'est une voie pour vous.

La puissance de l'intention

On dit dans les textes classiques chinois que l'énergie suit l'intention, cette volonté présente axée sur un travail quelconque. L'intention est une force très puissante qui ne dépend pas de notre mental, elle vient du cœur de notre être. Rien ne peut se faire sans elle.

Pourquoi méditer est-il difficile ?

« La méditation est simple, mais comme tout ce qui est simple, elle demande un grand investissement personnel. Il faut beaucoup de travail pour trouver la simplicité. Un chanteur, un ébéniste, un sportif de haut niveau diraient probablement la même chose. [...] Or, la méditation nous confronte à nos difficultés. [...] C'est paradoxalement pourquoi elle est si précieuse. Habituellement, face à cette angoisse de fond, à cette incertitude, nous cherchons à nous enfuir au loin : partir en vacances, regarder la télévision, "communiquer" avec "les autres". La méditation est une attitude réaliste. Elle nous invite à ne pas rêver les yeux ouverts, à ne plus fuir nos difficultés. À prendre notre vie en main. »

Fabrice Midal, philosophe et écrivain, fondateur de l'École occidentale de méditation.

4. Méditer n'est pas un sacrifice !

Méditer n'est ni une contrainte, ni une obligation, ni un sacrifice ! Vous le faites ou pas. Si vous le faites, c'est parce que vous sentez que c'est un besoin de votre être profond, parce que vous avez expérimenté que c'est une chance de faire partie de la cordée humaine de tous ceux qui méditent et qui se connaissent mieux eux-mêmes de jour en jour.

Si méditer demande un engagement certain, une pratique régulière, vous ne devez pas voir arriver le moment de méditer avec angoisse. Ça peut être le signe que vous n'avez pas choisi un rythme en accord avec votre personnalité. C'est, souvent, le signe que vous êtes trop exigeante avec vous-même. Lorsque l'on commence à méditer, on veut toujours pratiquer tous les jours. Certes. Mais il faut peut-être savoir se contenter de cinq minutes, voire de deux minutes. Ce qui importe, c'est d'avoir la règle d'un moment fixe dans la journée que l'on ne change pas.
Vous devez accepter de laisser un peu de temps à votre esprit et à votre corps pour intégrer cette nouvelle expérience et ce qu'elle leur apprend. Avant de courir, on apprend à marcher. Ne vous précipitez pas. Vous aurez tout le temps de renforcer votre méditation lorsque vous en maîtriserez mieux les arcanes.

Témoignage : aller s'abreuver à la source

« Même si je travaille très tard, parfois jusqu'à minuit ou une heure, deux heures du matin, je médite avant de dormir. Je suis toujours désireuse de méditer malgré toutes mes obligations et mes devoirs. Je ne sens jamais que je ne devrais pas méditer ou que la méditation est terrible. Jamais ! C'est

une joie, une source de relaxation, une manière de me ressourcer, même physiquement. »

Charlène, graphiste.

5. Apprivoiser le silence

Le philosophe français Descartes a cru avoir découvert la vérité la plus fondamentale quand il a fait sa célèbre déclaration : « Je pense, donc je suis. » Il venait en réalité de formuler l'erreur la plus fondamentale, celle d'assimiler la pensée à l'être et l'identité à la pensée ! C'est ainsi que le silence s'est transformé en absence, en vide, que nous comblons par nos bavardages futiles.

Et l'Occident pensant, dans son sillage, nous a induits en erreur lorsqu'il nous a fait croire que méditer, c'était ressasser des pensées… Méditer, au sens où nous l'entendons, c'est précisément tout l'inverse : c'est un lâcher-prise dans le silence ! Le silence est une substance réelle, un état en soi.

On ne le dit pas assez : cesser de penser, ne serait-ce que quelques secondes, c'est faire vibrer un son pur et c'est le cœur de la méditation. Toutes les traditions le répètent en permanence : le silence n'est pas l'absence de bruit, c'est une qualité d'être. Nous vivons dans une société où l'on veut tout le temps prendre la parole. Mais si, pour une fois, on prenait le silence ?

Hélas, à peine suis-je posée au repos que les pensées arrivent comme un cheval au galop… Notre incapacité à nous arrêter de penser est un véritable poison. On en prend la pleine mesure dès que l'on a la prétention de faire le vide mental !

On réalise alors à quel point la pensée est compulsive.

Vous ne vous en rendez pas compte avant parce que pour presque tout le monde, c'est la même chose : on en vient à considérer cela comme normal. Cet incessant bruit mental empêche de trouver ce royaume de calme intérieur qui est indissociable de l'« Être ».

Mais, autant le dire tout de suite : s'arrêter de penser n'est pas possible, penser est une activité normale ! Le cerveau marche sans interruption et le « bruit de fond » ne s'éteint pas… Tout au plus y arriverez-vous un instant ici ou là. Puis un autre instant. Ou pas. Le savoir d'emblée détend, n'est-ce pas ?

Exercice pratique amusant

Pour expérimenter la nature « obsessionnelle » des pensées, essayez cet exercice classique. Pendant trente secondes, essayez de ne pas penser une seule fois à la date de votre anniversaire… 3, 2, 1, partez !

Parole de sage

« Le silence est une tranquillité, mais jamais un vide : il est clarté, mais jamais absence de couleurs ; il est rythme à l'image d'un battement de cœur sain ; il est le fondement de

toute pensée et par là celui sur lequel repose toute créativité de valeur. Du silence naît tout ce qui vit et dure ; celui qui détient le silence peut affronter avec impassibilité le bruit extérieur ; car c'est le silence qui nous relie à l'univers, à l'infini, il est la racine de l'existence et par là l'équilibre de la vie. […]

« Pour moi, musicien, [le silence] ce sont peut-être les passages silencieux dans la musique de Beethoven (appelés à tort "pause" en musique) qui me sont les plus chers. Ces silences qui, tels les intervalles séparant deux nuages chargés d'orage, portent en eux la puissance de l'éclair. Ou peut-être aussi le silence qui suit une interprétation de la Chaconne *de Bach dans une grande église, un silence de communion et de respect. Une belle musique appelle le silence et crée de l'espace.*

« Silence et espace sont les créations préalables à la vie, au mouvement, à la pensée et à l'inspiration. Périodiquement, constamment, nous devons revenir aux sources : écouter et non parler, attendre et non faire, renoncer et non affirmer, réfléchir et non conclure. »

Yehudi Menuhin, discours prononcé dans la Saint James Church de Londres en 1977.

6. Bas l'ego !

Il n'y a pas plus binaire que l'ego ! Il ne sait vivre que dans l'opposition : il a raison et l'autre a tort. Cela paraît trop simpliste, mais c'est pourtant son mode de fonctionnement. Vivant dans la dualité, voulant imposer son point de vue à tout prix et avançant masqué, il ne supporte donc pas la méditation, exercice d'éveil de la conscience qui lui fait le plus grand tort !

L'ego, que l'on peut aussi appeler « moi je », est d'ailleurs bien souvent l'obstacle le plus difficile à franchir pour la débutante. En effet, il a quantité d'idées préconçues, une opinion sur tout et n'oublie rien des blessures vécues. Il se manifeste avec des attitudes passionnelles d'attraction, de répulsion ou d'indifférence. Il s'engage ainsi dans toutes sortes de luttes pour obtenir ce qui lui est agréable et éviter ce qui lui est désagréable. L'ego est un vrai pot de colle pour la méditante !

Surtout ne pas lutter contre lui !

Il s'agit d'être réaliste : nier l'ego ou refuser d'avoir des attractions et des répulsions serait illusoire. Il ne faut donc pas s'engager dans une lutte. Au lieu de résoudre les difficultés, le combat volontaire les renforcerait.

La voie à suivre est de se prendre comme on est et d'accepter l'ego avec ses passions. Cette acceptation permet ensuite de travailler avec lui et, finalement, de le dépasser. Il devient la matière première du travail non violent, non agressif qu'est la méditation, celle-ci nous permettant de transformer nos attitudes passionnelles et finalement de les dissoudre.

Le problème majeur qui oppose l'ego à la méditation, c'est sa volonté de réussir, sa crainte d'échouer. L'ego a peur de disparaître ? En vous asseyant et en revenant sans cesse à votre respiration au lieu de « discuter » avec vos pensées, une extraordinaire dynamique va se mettre en œuvre.

La méditation montre une autre voie, au-delà de l'ego, qui rend à l'existence sa dimension plus libre, plus réelle et plus profonde. On redevient petit comme un enfant et cela oblige l'ego à diminuer.

Le mental aime les complications

Être juste assise à respirer en silence ? C'est trop basique, trop simple ! Ce n'est pas ça, la *vraie* méditation !

Voilà le genre de pensée qui risque de surgir dès que vous aurez commencé à pratiquer.

Le mental n'est pas attiré par ce qui est simple. Votre mental prétendra que des pratiques aussi faciles sont certainement inefficaces. L'ego va souhaiter saboter votre décision : il ne s'intéresse qu'aux problèmes parce que les difficultés le stimulent.

L'ego a besoin de complication pour se maintenir en place. Quand on le sait, on le repère plus facilement. Vous ne vous laisserez plus avoir par surprise !

Témoignage étonnant !

Au sujet du mental qui fait tout ce qui est en son pouvoir pour nous extraire de la méditation, un pratiquant rapporte cette histoire savoureuse : *« Je me souviens d'avoir interrompu une méditation car je pensais que j'avais laissé le gaz allumé sur la cuisinière ; je suis allé voir et j'ai réalisé que je n'avais pas le gaz, que tout était électrique et éteint ! »*

Quitter le rêve éveillé de l'ego

« Il semble y avoir deux types de chercheurs : ceux qui visent à faire de leur ego quelque chose d'autre qu'il n'est, quelque chose de sain, de gai, de généreux (comme si l'on pouvait rendre "non-chat" un chat) et ceux qui comprennent que toutes les tentatives de ce genre sont seulement des gesticulations et de la pure comédie. Ces derniers réalisent aussi qu'il n'y a qu'une seule chose qui puisse être faite : elle consiste à se désidentifier de l'ego en prenant conscience de sa non-réalité. [...] Autrement dit, il s'agit juste de sortir du rêve éveillé comme nous sortons tous les matins du rêve endormi. »

Terence James Stannus Gray,
écrivain et philosophe britannique du XXe siècle,
plus connu sous le nom Wei Wu Wei.

7. Tout passe : l'impermanence

Tout passe. Toute chose est limitée à une certaine durée et, par conséquent, amenée à disparaître : c'est la non-permanence. Si un phénomène est apparu, il est obligatoire qu'il finisse par disparaître. C'est valable pour tout, il n'y a pas d'exceptions. C'est une loi universelle.

Le corps est impermanent, la vie est impermanente, toutes les choses de ce monde sont impermanentes. Tout rassemblement se défait, la réunion se change en séparation et la vie s'achève par la mort. Et l'on sait bien que même notre bonheur ne fait que passer. Tout ce qui est nôtre est livré à l'impermanence.

Ainsi, notre conscience est en perpétuelle mutation et toutes nos expériences, de souffrance, de joie ou encore de méditation, nos expériences mystiques, sont des expériences en mutation… *Memento mori* : « Souviens-toi que tu dois mourir », se répètent tous les jours les moines et les spirituels.

L'impermanence est un concept bouddhiste important et passionnant, qui nous rappelle que tout passe, même nos souffrances. Que nos états d'âme sont un flux perpétuel.

De l'atome à la montagne, de la sensation à la pensée, du roi le plus riche du monde au petit insecte, tout passe par le même cycle d'existence : la naissance, la croissance, le déclin et la mort. Les fleurs fanent, les vêtements s'usent. Nos amis et nos ennemis sont impermanents, nos ennemis peuvent devenir nos amis, et inversement. Rien n'est stable car tout est en mouvement et en transformation.

La vie se manifeste en permanence sous des formes nouvelles, c'est un phénomène de mouvement. « La vie est un point, n'y construis pas ta maison… » Et celui qui s'accroche à la forme souffrira en résistant à ce courant.

Tout nous échappe(ra)

Nous sommes prisonniers de cette envie de maintenir (ou même de posséder) ce qui est et ce que nous croyons être : nos privilèges, les êtres aimés, nos biens matériels, notre travail, notre santé, notre vie, notre moi.

Or, tout est impermanence : notre corps est vieillissant et mortel, nos relations et tout ce qui existe en nous et autour de nous finiront un jour. Nos amours, nos idées, nos biens, tout est fluctuant. Et nous voulons sans cesse saisir. Et nous souffrons car, du fait de l'impermanence de notre vie et du monde, tout nous échappe.

Méditer, c'est s'entraîner à entrer dans le flux de l'impermanence en regardant, sans jugement ni interprétation, ce qui va et ce qui vient. En effet, la vie est semblable à une cascade, à l'eau qui déferle d'une cascade, aussi rapide que cela. Il faut donc *être le plus vivant possible* dans chaque instant qui nous est offert.

Comment observer l'impermanence ?

Il peut arriver, dans la méditation, que vous vous sentiez fatiguée. Lorsqu'un pratiquant qui a une vraie compréhension de l'impermanence y réfléchit une seconde, la fatigue s'évanouit instantanément. De même, parfois, pendant la pratique, on somnole un peu. Et si l'on réfléchit bien à l'impermanence, l'endormissement s'évanouit aussitôt.

La fatigue apparaît, connaît un point de crête, puis disparaît. Il en est de même pour la douleur que vous pouvez ressentir dans l'épaule ou au mollet.

La meilleure façon de s'entraîner à l'impermanence est de méditer – ou de commencer sa méditation – sur les sensations du corps. Observer son corps, partie par partie, en partant des pieds jusqu'au sommet du crâne, sans attente, sans rejet, sans jugement, observer les sensations qui se succèdent dans le genou, dans le pied, dans la paume de la main (cela sera détaillé à partir de la page 112)…

Toutes les sensations, agréables, désagréables ou neutres, sont passagères.

Observer inlassablement la vérité de la sensation, la vérité du corps, la vérité du vivant que je suis.

Observer ses sensations à la loupe, seconde après seconde, décape. On entre dans la compréhension de l'impermanence et, en même temps, on commence à saisir comment cela va devenir une force nouvelle dans la vie de tous les jours. Comprendre que tout apparaît, que tout disparaît avant de réapparaître permet de ne plus craindre de « perdre ». L'impermanence peut alors se vivre avec une expérience d'une grande intensité.

Observer inlassablement épuise, passionne, énerve, fait remonter des émotions à la surface, mais on n'a plus peur de rien car on sait que cela va disparaître comme c'est venu. Un entraînement en or pour devenir des vivantes, les deux pieds bien ancrés dans le réel !

Conte de sagesse zen

Un élève vint voir son professeur et lui dit :
« Ma méditation est terrible ! Je suis soit distrait, soit mes jambes me font mal, soit je m'endors constamment, c'est vraiment épouvantable.
– Cela passera, lui répondit son professeur. »
Une semaine plus tard, l'élève revint voir son professeur :
« Ma méditation est magnifique ! Je me sens en pleine conscience, paisible, vivant ! C'est extraordinaire !
– Cela passera, lui répondit son professeur. »

8. Ne pas culpabiliser !

Tous les pratiquants culpabilisent un jour ou l'autre :
• d'avoir besoin d'autant de coussins sous les fesses ;
• de préférer la chaise ;
• de se laisser aller à des prétextes pour ne pas méditer ;
• de ne pas être régulier quotidiennement ;
• d'avoir interrompu leur méditation avant la fin ;
• de la repousser à plus à tard, au lendemain, à « quand ça ira mieux », « quand j'aurai le temps »… ;
• d'avoir des pensées aussi vaines pendant leur méditation ;
• d'avoir des pensées aussi orgueilleuses, aussi sensuelles…
Et les paresseuses se jugent trop paresseuses…

Bref, nous nous jugeons nous-mêmes en permanence.
Au contraire, la méditation est le quart d'heure quotidien où l'on appuie sur pause. Je suis comme je suis maintenant. Point final. Cela fait un bien fou…

Une bonne nouvelle : méditer fait « gagner » du temps

Vous culpabilisez de vous accorder quinze minutes avec tout ce que vous avez en retard à la maison, au travail… ? Je vous arrête tout de suite. Rester assise à pratiquer a deux avantages énormes : vous gagnez du temps et vous vous sentez bien.

Oui, on gagne du temps lorsque l'on s'assoit en silence pour porter une attention particulière à sa respiration.

Pourquoi gagne-t-on du temps ? Peu importe la vitesse à laquelle on avance si on n'avance pas dans la bonne direction, n'est-ce pas ? Il faudra de toute manière de l'énergie supplémentaire pour faire marche arrière.

La bonne direction à prendre, on la découvre par soi-même une fois que l'on est détendue et apaisée. À force d'entraîner son esprit, l'intuition s'affine et guide vers les gestes et les décisions justes. Comme le disait Graf Dürckheim, diplomate, psychothérapeute et philosophe allemand, il faut savoir prendre son temps : *« D'habitude, poussé par je ne sais quelle impulsion ou par la poursuite de ses buts, l'homme se hâte et passe à côté de ce qu'il rencontre sur son chemin. À peine l'aperçoit-il qu'il le juge, l'accepte un instant ou le rejette, et déjà il poursuit sa route. À ce rythme, jamais la sagesse du silence ni la vie des profondeurs ne peuvent lui parler. Il faut un silence réceptif pour leur permettre d'apparaître. Il faut "prendre son temps". Celui qui est ouvert à l'initiation pratique l'art de s'attarder »* (*Méditer : pourquoi et comment ?*, éditions Le Courrier du Livre).

D'ailleurs, se sentir bien, là, tout de suite, n'est-ce pas déjà le plus important (urgent) finalement ?

Peu importe la décision que vous prenez, le plus important c'est de vous sentir apaisée lorsque vous la prenez.

Peu importe ce que vous faites, du moment que vous vous sentez détendue et apaisée lorsque vous le faites.

9. Accepter ce qui est dans la méditation

Que faites-vous de ce qui vous arrive ? Vous tournez le dos quand cela vous fait mal et vous battez des mains quand cela vous convient ?
Alors vous n'avez pas commencé à méditer. Et vous n'avez pas fini de souffrir…

Nous refusons ce qui est, du matin au soir. Le refus de la réalité est automatique chez l'être humain. Non, je ne suis pas satisfaite de cette réunion interminable avec tout ce qui m'attend sur mon bureau, non je ne veux pas aller dîner chez mes beaux-parents ce soir, non je ne veux pas de pluie en plein mois de mai, non je n'ai pas le courage d'accompagner Julien à sa compétition de judo à 8 heures du matin un dimanche ! Non, non, non ! Donnez-moi ce qui me plaît ! Pourtant, nous ne maîtrisons pas l'ordre du jour de la réunion et il ne sert à rien de tempêter, et pourtant c'est l'anniversaire surprise de votre belle-mère Lucie et vous allez lui apporter le dernier Goncourt, et pourtant il fait un temps de cochon, et pourtant cette compétition réjouit votre fils et vous y assisterez en souriant. Alors pourquoi dire et penser non ? Cela abîme le moment.

Il faut tout prendre et tout transformer, ce qui nous convient comme ce qui ne nous convient pas. Vivre dans le « oui », c'est penser et dire « j'accepte ce qui est » pour les événements que l'on ne peut pas changer. Méditer, c'est s'exercer à cela à travers tous les mini-événements qui vont surgir en dehors de vous ou à l'intérieur de vous pendant vingt minutes.

Un événement survient dans la méditation. Une seule décision s'impose. Suis-je d'accord avec cet événement ? Notre seule liberté est d'accepter, ou pas, ce qui est. En fonction de cela, on agit ou on réagit, on se détend ou on se crispe intérieurement.

Dire oui, vivre oui.

Nous nous crispons, nous refusons, instant après instant, ce qui est. Méditer, c'est apprendre à être un, c'est adhérer. Adhérer, c'est ne rien refuser, c'est, comme le font les sages, retirer son armure et dire à l'épreuve, à l'événement : « Tire ta fléchette, je ne la refuse pas, elle est l'occasion de progresser. »

Je plonge dans la sensation, j'y adhère, je quitte la dualité et ses paires d'opposés (attraction/répulsion, plaisir/douleur).

Témoignage : une expérience d'unité

« Ce jour-là, avec mon partenaire, je fais la démonstration d'une technique de l'aïkido appelée "randori". Le randori est un combat libre qui se poursuit jusqu'à ce que la fatigue empêche l'un des partenaires de se lever. Mon partenaire n'arrête pas de fondre sur moi à vive allure, sans que j'aie la moindre idée de ce qu'il va faire : me saisir ? Me frapper ? Me contourner ? C'est alors que, soudainement, c'est arrivé !

Qu'est-ce qui est arrivé ? J'étais un avec. Un avec lui, le partenaire-adversaire, un avec ses déplacements, un avec

ses gestes, un avec moi-même, un avec tout... Un. [...] J'étais au centre de cet événement et en même temps détaché de toutes les composantes de cet événement. Embrassant calmement la situation, sans le moindre désir de réussir, de gagner le combat, et sans la moindre crainte d'écouter, de perdre le combat. [...] Sur le plan où s'agitent habituellement une multitude de pensées, il n'y avait plus que le silence. Absence de raisonnement, de jugement, de présupposé, d'arrière-pensée. Et dans cet espace qu'on appelle "le cœur" s'était installé le silence.
[...] J'ai fait l'expérience de la sérénité. Je connais, comme chacun, cette paire d'opposés que sont le calme et l'agitation. Je connais cette autre paire d'opposés que sont la révolte et la résignation. Par contre, la sérénité est un état d'être qui ne semble pas avoir de contraire. Elle est ou elle n'est pas. »

Jacques Castermane,
La Sagesse exercée, éditions La Table ronde.

10. Cinq conseils à graver dans le marbre

• Ne jamais rien forcer. Les progrès viendront en leur temps, comme la pêche mûre tombe de l'arbre.

• Ne s'attacher à rien et ne rien rejeter. La vie est une danse entre toutes les couleurs.

• Ne pas se comparer à d'autres pratiquants. Vous n'êtes ni pire ni meilleure, vous êtes unique !

• Ne pas manquer un seul jour de pratique.

• Ne rien attendre de la méditation. Tout vivre comme une expérience qui est donnée.

Parole de sage

« Rejetez toute solennité et toute idée de rite. Oubliez même le fait que vous méditez. »

Sogyal Rimpoché.

Mémo
Les points clés du chapitre 3

• Ne jamais devenir une experte. Rester humble, le regard neuf.

• Se délivrer du règne de l'efficacité à tout prix. Une expérience n'est pas meilleure que l'autre. Il n'y a rien à obtenir.

• Notre liberté consiste à choisir la direction que nous voulons prendre. Méditer exige une décision. Cela vaut pour les débutantes comme pour les « anciennes » !

• Méditer n'est ni une contrainte, ni une obligation, ni un sacrifice !

• Nous vivons dans une société où l'on veut tout le temps prendre la parole. Et si, pour une fois, on prenait le silence ?

• L'ego est souvent l'obstacle le plus difficile à franchir pour une débutante. Il va souhaiter saboter votre décision : il ne s'intéresse qu'aux problèmes parce que les difficultés le stimulent. Il est donc bien facile de le repérer !

• Tout passe. Toute chose est limitée à une certaine durée et, par conséquent, amenée à disparaître. Tout est un flux, tout est en mouvement, en transformation.

• Arrêtons de nous juger en permanence ! La méditation est le quart d'heure quotidien où l'on appuie sur pause. Je suis comme je suis maintenant.

• Il faut tout prendre et tout transformer, ce qui nous convient comme ce qui ne nous convient pas. Vivre dans le « oui », c'est penser et dire « j'accepte ce qui est » pour les événements que l'on ne peut changer.

4

Préliminaires pratiques à la méditation

La méditation est un acte nu par excellence

C'est un acte qui nous dévoile totalement à nous-mêmes, sans masque ni faux-semblants. Paradoxalement, dans sa préparation, on laisse pourtant le moins de choses possibles au hasard : on choisit son lieu, un moment de la journée, une durée…
Le scénario que l'on retient n'est pas neutre, il signe l'importance que l'on va accorder à l'instant. Se préparer est une étape essentielle.

Quel lieu de méditation choisir ?

Vous devez choisir soigneusement le cadre et le lieu où vous allez méditer, surtout si vous êtes débutante.

Tous les facteurs environnementaux doivent concourir au bien-être par le désinvestissement des sens, ce qui est décrit métaphoriquement par l'expression « retourner son regard vers l'intérieur ».
Évitez les lieux bruyants, cherchez un endroit calme, agréable, n'incitant pas à la distraction.
Mais attention ! N'oublions jamais que si le calme devenait une nécessité, la tranquillité extérieure pourrait s'avérer un obstacle. En effet, le moindre bruit extérieur perturberait

notre méditation. L'endroit propice à la méditation n'est donc pas forcément un lieu retiré où rien ne doit interférer, mais plutôt un endroit où l'on peut maintenir son esprit dans le calme et la concentration, quelles que soient les circonstances extérieures.

Avant de méditer, éteignez votre téléphone et prémunissez-vous contre toute perturbation. Vous ne devez être dérangée sous aucun prétexte.

Astuces de méditante confirmée

- Méditez dans un lieu frais. Le cerveau se lasse vite quand il a trop chaud.
- Prévoyez une fine couverture, il est fréquent que la température du corps baisse pendant la méditation.

Toujours méditer au même endroit

Il est préférable de toujours méditer au même endroit. Ainsi, à chaque séance, vous profitez des efforts accumulés lors des séances précédentes. Le lieu se « charge » de vos rencontres intérieures.

Aussi, réservez une pièce, ou une partie d'une pièce, à la méditation. Elle deviendra comme le cœur sacré de votre maison et de votre vie, le lieu secret de votre ressourcement.

Se fixer une régularité et une durée

La méditation est une pratique lente, progressive et cumulative. La régularité en est le point d'appui. La patience est aussi indispensable car la pratique de la méditation ne peut être bénéfique qu'à deux conditions : ne rien attendre de particulier – ce n'est pas une technique de développement personnel – et respecter la continuité et la discipline dans la pratique.

Si vous n'êtes pas maîtresse de la qualité, offrez-vous au moins la quantité…

Qu'est-ce qu'une « quantité » de méditation ? La débutante – et l'on est débutante fort longtemps ! – a souvent du mal à se libérer quinze ou vingt minutes chaque jour. Pourtant, la pratique doit devenir un pain quotidien.

Certains maîtres conseillent de pratiquer matin et soir. Les paresseuses se contenteront d'une fois par jour. D'ailleurs, d'autres maîtres, et le conseil est judicieux, recommandent de méditer chaque jour, ne serait-ce que cinq minutes, de façon à faire couler au moins une goutte d'eau sur nos terres arides. C'est encore plus abordable !

L'astuce géniale d'Arnaud Desjardins

« Vous n'arrivez pas à méditer une demi-heure par jour ? Méditez cinq mille fois par jour une seconde. »

Entrer dans un cercle vertueux

Vous verrez, vous saurez bientôt comment faire d'une pratique une habitude et comment aménager votre quotidien pour laisser à la méditation la place qui devrait être la sienne.

Certains sacrifices – comme quitter son surf sur Internet un peu plus tôt ou ne pas se lancer dans telle série télé qui va prendre 25 heures rien que pour la saison 1 ! – valent largement le coup. Ces habitudes, qui vous font perdre du temps et ne vous offrent qu'un plaisir de surface, disparaîtront peut-être bientôt, et sans effort.

Méditer au quotidien vous place sur un cercle vertueux. Plus vous méditez, plus vous le faites facilement ; plus vous méditez facilement et plus vous bénéficiez d'élan pour la prochaine séance et plus vous êtes heureuse de méditer.

Méditer tous les jours, c'est écarter un peu le rideau du quotidien pour y inscrire votre pratique *malgré tout*. Vous vous envoyez le signe que la routine ne vous écrasera pas, parce que vous y faites une place pour vos choix.

Méditer jour après jour, c'est aussi faire de la méditation une pratique quotidienne, nécessaire et vitale, au même titre que les repas, la toilette, etc. Faire de la place à la méditation dans votre quotidien, c'est vous voir comme une méditante à part entière.
La méditation n'est pas un extra ni un petit plus.

La ponctualité

On dit qu'il faut entrer en méditation comme on se rend à un rendez-vous : on s'y prépare, intérieurement et extérieurement, et l'on y va avec la même ponctualité.

Tel jour, à telle heure, à telle fréquence, vous vous fixez un rendez-vous avec vous-même.

L'horaire doit être en harmonie avec votre vie quotidienne. Car si la méditation prend trop de temps et exige trop de sacrifices, on baisse vite les bras…

Astuce de méditante confirmée

Il est utile de fixer l'heure du début ainsi que l'heure de la fin : ainsi, on n'écourte pas une méditation jugée désagréable, agitée, douloureuse, et on ne prolonge pas une méditation agréable ou exaltante.

Mesurer le temps sans se laisser distraire

Même si l'envie vous démange, vous n'allez pas regarder votre montre ou votre portable pour savoir si vous êtes assise depuis trois minutes ou vingt.

Parfois, on a du mal à appréhender la différence, car le temps de la méditation n'est pas le temps chronologique. Ainsi, le temps peut s'étirer – ces vingt minutes de méditation semblent absolument interminables – ou au contraire s'écouler très vite. Bref, comment mesurer le temps de sa méditation sans se laisser distraire ?

La sonnerie d'un réveil – sauf si vous pouvez le régler sur une musique douce ou un bruit de nature – n'est pas propice pour sortir en douceur de ce temps privilégié.

Vous pouvez donc minuter précisément votre temps de méditation à l'aide d'un minuteur de méditation (dédié à la méditation, il émet un son cristallin très doux ou un coup de gong – pour en trouver sur Internet, utilisez les expressions « minuteur de méditation », « meditation timer », « gong clock »), de votre smartphone ou de votre tablette (il existe de nombreuses applications dédiées) ou d'un bâton d'encens. Il existe également des petits cierges (ou des bâtons d'encens japonais) qui brûlent en 15-20 minutes. Pile poil !

À quel moment de la journée méditer ?

Il est souvent difficile d'insérer une nouvelle activité dans une journée déjà surbookée.

Au début de votre pratique, cherchez le moment qui vous convient le mieux, où vous sentez que vous avez l'esprit à la fois détendu et en éveil.

• **Le matin** est un moment idéal pour la méditation. Peut-être le meilleur. Mais c'est à vous de le vérifier.

Le mental n'a pas encore été absorbé par les responsabilités. Vous serez reposée par une nuit de sommeil et les distractions et les bruits seront plus rares. Cela évite également de se lancer de façon précipitée dans ses activités.

• **L'heure de midi** est un entre-deux que l'on n'utilise pas assez. Prendre la pause déjeuner pour recharger ses batteries est une idée à tenter. Le soleil est à son zénith, l'énergie est au rendez-vous.

• **Le soir** – en particulier l'heure crépusculaire – est également un moment propice : c'est une excellente occasion de lâcher les pensées de la journée. On a par ailleurs souvent un peu plus de temps et on passera ensuite une belle nuit calme faite de beaux rêves.

Cela étant dit, il vaut mieux pratiquer dès que l'on a un instant plutôt que de ne pas pratiquer du tout ! Vous voyez ce que je veux dire…

Astuces de méditante confirmée

• Certaines personnes sont très fatiguées le soir et tendent à s'endormir pendant leur méditation… Aspergez votre visage d'eau avant de méditer : c'est une méthode simple et très efficace pour rafraîchir vos niveaux d'énergie.

• Observer un temps de silence d'une demi-heure ou d'une heure par jour – notamment avant de méditer – peut être une aide. Ça met en condition.

Que porter ?

Arborer une tenue de nonne bouddhiste ou un vêtement zen ne fera pas de vous une méditante aguerrie… Cependant, changer de tenue n'est pas neutre : en l'enfilant, vous marquerez une coupure avec le monde et le quotidien. Vous découvrirez aussi que les vêtements prévus pour la méditation libèrent le corps et ses mouvements, ce qui vous aidera peut-être à atteindre une méditation plus profonde.

Choisissez votre tenue selon vos goûts, pour vous sentir parfaitement à l'aise. La méditation est une pratique que vous vous offrez, des vêtements sélectionnés uniquement selon vos critères participeront à cette impression de libération.

Choisissez des vêtements amples et légers. Détachez votre ceinture et enlevez vos chaussures.

Quid d'un parfum d'ambiance ?

Plus l'atmosphère est dépouillée, mieux c'est. Et vous l'avez compris, l'aventure a lieu à l'intérieur.

Pour autant, de même que l'on méditera moins bien si l'odeur des poireaux ou du rôti aux oignons flotte encore dans la maison, certains parfums peuvent être des facilitateurs.

On distingue deux sortes de parfums facilitateurs : l'encens et les huiles essentielles.

Mettre de l'encens ou pas ?

Deux fois par jour, en signe d'adoration, les prêtres du peuple hébreu faisaient brûler sur « *l'autel des parfums* » cette substance résineuse en provenance de l'Inde et du pays de Saba (Yémen).

Accessoire religieux depuis des temps immémoriaux, l'encens est d'un emploi facultatif dans la méditation. Il n'en a pas moins de l'effet. Il favorise la détente, la paix de l'âme, le bien-être intérieur. On en a d'ailleurs fait un symbole du lien qui unit le visible et l'invisible.

> **Bon à savoir**
>
> La durée de combustion des encens japonais traditionnels correspond au temps moyen que doit durer une méditation.

Lesquels choisir ?

Pour méditer, vous pouvez opter pour de l'oliban, du benjoin, du mastic, du cèdre, du santal ou encore pour le bois d'agar, réputé être l'encens des initiés. Sauge, oliban et myrrhe sont quant à eux réputés être d'excellents purificateurs.

Pour les bouddhistes, le bois de santal, le bois d'agar et le clou de girofle sont considérés comme les trois encens intégraux.

Quid des huiles essentielles ?

Les huiles essentielles ont une dimension informationnelle subtile et un réel effet sur le système nerveux notamment.

Leur utilisation dans le cadre de la méditation peut renforcer ou faciliter la pratique. On les diffusera dans la pièce où l'on pratique avec un diffuseur d'huiles essentielles adapté.

Quinze gouttes dans un diffuseur à ultrasons suffisent pour aromatiser la pièce, en débutant la diffusion un quart d'heure avant la séance ; laissez-le allumé pendant toute la méditation si l'appareil le permet.
Si vous utilisez un diffuseur électrique à pompe, il convient de diffuser davantage d'huiles essentielles, mais pendant moins longtemps pour ne pas trop saturer l'air ambiant.

Lesquelles choisir ?

Choisissez des huiles qui vous aideront à la relaxation, comme la bergamote, la lavande, le jasmin, la verveine, le citron, l'angélique ou le petit grain de bigarade. Grâce à elles, votre niveau de nervosité s'abaissera tout simplement et vous ne vous épuiserez pas à tenter de faire le calme.
Lorsque vous désirez méditer malgré un état de fatigue léger (ce qui est généralement le cas de tout le monde !), vous pouvez profiter des bienfaits des huiles d'arbre à thé, de pin sylvestre, de sauge, de sarriette, de thym, de muscade.
Les huiles essentielles de santal jaune ou d'oliban, plus chères et plus rares, permettent aussi de trouver l'équilibre intérieur, parfait pour aider à la pratique de la méditation.

Méditation et alimentation

On médite mieux le ventre léger qu'après un repas copieux. Et si les bons repas de famille du dimanche font rarement bon ménage avec la méditation, de nombreux pratiquants vont au-delà de cette évidence de bon sens et prêtent une attention particulière à leur alimentation.

Ainsi, les bouddhistes conseillent de ne plus prendre que des tisanes après le goûter. Mais sans aller jusque-là, vous pouvez porter une certaine vigilance à la façon dont vous vous nourrissez, car cela a une influence directe sur votre mental.

Peut-être avez-vous quelques mauvaises habitudes à éradiquer ou à regarder en face… ?

Petits conseils alimentaires

• Aliments purs et digestes qui apportent beaucoup d'énergie et ont un effet calmant

• Les céréales (riz, blé, orge, millet) – elles sont recommandées en plat principal.
• Tous les fruits.
• La plupart des légumes (aussi peu cuits que possible et uniquement en accompagnement).
• Les légumineuses (lentilles, pois secs, soja).
• Noix et graines.
• Légumes secs.
• Lait et produits laitiers.

• Les condiments (cannelle, cardamome, clou de girofle, poivre noir, miel).

• **Aliments conseillés quotidiennement**
• La laitue.
• La pomme (plutôt le matin).
• Le lait cru (pour ceux qui ne sont pas « antilait »).
• Le miel (en faible quantité : pas plus de ½ cuillerée à café).
• À prendre le plus souvent possible : de la mangue (on l'ignore trop, mais elle est à la fois reminéralisante, calmante et régénérante).

• **Les aliments qui alourdissent et affaiblissent le corps et le mental**
• Les boissons alcoolisées.
• La viande.
• Les oignons.
• L'ail.
• Les aliments fermentés.
• Les fritures.
• Les conserves.
• Les sucreries.

Le jeûne

Le jeûne, ou abstention de nourriture, est une forme d'épuration qu'utilisent les pratiquants de toutes les voies spirituelles. Il crée un état de conscience non ordinaire propice à la méditation.

Outre qu'il détoxifie à la fois le corps – qui mange si souvent sans faim ! – et l'âme – qui se gave, elle, de colères, de projections, de fantasmes, de stress… –, le jeûne est à lui seul une forme de méditation. Mais il est conseillé d'apprendre à jeûner avec un initié. On ne se lance pas dans ce genre d'aventure intérieure à l'aveuglette.

Méditer seule ou accompagnée ?

L'aventure spirituelle a beau être solitaire, on ne s'y aventure pas seul. Plus on pénètre ses profondeurs, plus un contrôle s'avère nécessaire. Les écueils, les dangers, les étapes ont été éprouvés, et les expériences pas toujours ordinaires qui s'ouvrent peuvent être déstabilisantes.

Telle posture ou attitude intérieure sera recommandée à un moment et déconseillée à un autre. Et si elle est bénéfique pour telle personne, elle ne l'est pas pour telle autre.
Mais on ne trouve pas un maître de méditation sur un claquement de doigts… Outre un livre pédagogique comme celui-ci, les CD de méditation guidée sont une excellente introduction. Et un stage d'initiation d'un week-end ou d'une semaine modifiera votre pratique du tout au tout.

Il n'en demeure pas moins que le véritable maître est à l'intérieur de vous et qu'il faut bien, *in fine*, franchir seule, pas à pas, les étapes de l'ascension.
L'essentiel n'est pas « d'avoir un maître » mais « d'être un disciple ».

En plus de votre méditation solitaire, des méditations à plusieurs peuvent s'avérer utiles. Pour vérifier la qualité de sa pratique. Pour bénéficier d'une énergie et d'une intention collectives. Pour, éventuellement, méditer sur une durée plus longue et retrouver ainsi un élan qui aurait perdu de son ardeur ou de sa fraîcheur : les piqûres de rappel ne sont jamais inutiles, elles sont même *vitales*.

Vous pouvez ainsi rejoindre un groupe de méditation une fois par semaine (on a aujourd'hui l'embarras du choix pour en trouver un !) ou vous offrir chaque année un week-end prolongé de pratique. Méditer dans un groupe est stimulant. C'est un soutien : nous ne sommes pas seules dans l'effort.

Comme on court mieux et plus loin à côté d'un ami ou au sein d'un peloton, le groupe de méditation insuffle une énergie idéale pour compléter une pratique individuelle. Vous en ressortirez toute regonflée !

Mémo
Les points clés du chapitre 4

• Pour méditer, évitez les lieux bruyants, cherchez un endroit calme, agréable, n'incitant pas à la distraction.

• Méditez toujours au même endroit.

• Fixez-vous une régularité. Certains maîtres conseillent de pratiquer matin et soir – les paresseuses se contenteront d'une fois par jour. D'autres maîtres recommandent de méditer chaque jour, ne serait-ce que cinq minutes.

• Il est utile de fixer l'heure du début et de la fin : ainsi, on n'écourte pas une méditation jugée désagréable, et on ne prolonge pas une méditation agréable.

• On médite mieux le ventre léger qu'après un repas copieux.

• Choisissez des vêtements amples et légers. Détachez votre ceinture et enlevez vos chaussures.

• Mettez éventuellement de l'encens (oliban, bois d'agar) ou des huiles essentielles (lavande, petit grain de bigarade) propices à la méditation.

• Les méditations à plusieurs sont très utiles. Elles permettent de bénéficier d'une énergie et d'une intention collectives. Un stage d'un week-end pour lancer sa pratique, ou la redynamiser de temps à autre, est plus que conseillé !

5

Sauter dans le grand bain

Ça y est, vous êtes prête ?

On passe à l'action ? Ou plutôt à la non-action !

Vous n'avez pas d'inquiétude à avoir. Prenez les choses tranquillement et le développement de votre pratique s'effectuera naturellement.

Mais soyez vigilante… Car si, à l'extérieur, tout va devenir immobile, une sacrée vie circule à l'intérieur.

Descendre dans son corps

La méditation est une expérience globale qui prend tout l'homme, à la fois physique, psychique et spirituel.

Mais prenons les choses dans l'ordre : tout commence avec le corps.

Il faut sans cesse revenir à lui. Encore et toujours. C'est votre seule clé, votre seule règle. C'est aussi votre seule certitude : vous n'irez nulle part sans votre corps. Il est invité à toutes vos expériences, les plus élevées soient-elles !

Méditer, c'est au premier chef découvrir son corps, ici et maintenant.

Parole de sage

« Prends soin de ton corps pour que ton âme ait envie de l'habiter. »

Proverbe chinois.

L'homme est d'abord un corps et l'expérience humaine prouve que sa position et son attitude ne sont pas sans influence sur le recueillement et la disposition de l'esprit. Toute attitude physique a des répercussions psychologiques (et inversement). Si vous gigotez dans tous les sens, vous n'avez aucune chance d'obtenir le calme intérieur.
Vous allez donc descendre dans votre profondeur en passant par le corps, qui est son intermédiaire. Et vous allez découvrir une chose inouïe : on ne peut sentir *vraiment* et penser en même temps !

La sensation est un véritable court-circuit, c'est même le seul ! Et ce n'est pas un miracle qui n'arrive qu'aux autres, c'est une loi universelle.
Si vous vous brûlez la main, vous ne pourrez pas penser à votre dîner du soir ni au cadeau à faire à votre belle-fille. C'est comme ça.
Si vous êtes assise en tailleur sur un ongle incarné, je vous assure que vous ne penserez pas à vos kilos en trop ou à prendre rendez-vous chez l'esthéticienne pour la soirée de samedi. C'est aussi simple que ça.

Se concentrer sur sa respiration et ses sensations va donc nous permettre de laisser monter un silence mental tout à fait nouveau… Et il est d'une qualité à nulle autre comparable. Vous ne l'oublierez pas de sitôt. C'est le silence habité de l'être.

Vous avez dit immobile ?

« Un jour, Sérapion le Sindonite alla à Rome en pèlerinage. Là, on lui parla d'une recluse célèbre, une femme qui vivait dans une petite pièce et n'en sortait jamais.
Sceptique sur ce genre de vie – car lui-même était un grand voyageur –, Sérapion lui rendit visite et lui posa cette question : "Pourquoi restes-tu assise ici ?"
À quoi elle répondit :
"Je ne reste pas assise ; je suis en voyage." »

Extrait de *The Joy of the Saints*,
cité dans *The Fire of Silence and Stillness :*
An Anthology of Quotations for the Spiritual Journey,
Paul Harris, dir., Springfield, IL, Templegate.

Exercice : savez-vous ne rien faire ?

Pour commencer, on va vérifier que vous savez ne rien faire !
Essayons tout de suite.
Posez ce livre sur vos genoux ou sur la table.
Fermez vos yeux une à deux minutes, tranquillement.
Respirez paisiblement, à votre rythme, sans rien forcer. Observez ensuite le flux de vos pensées et sensations, sans le retenir.
Observez simplement ce qui se passe en vous.

Cela vous a-t-il détendue ? Avez-vous remarqué que même en ne faisant rien, on ne peut s'arrêter de penser tout le temps ? Vos pensées étaient déjà là avant, mais vous n'y prêtiez pas attention. En réalité, la pensée concerne le passé ou le futur, mais pas le présent. Arrêter de penser, c'est être dans l'expérimentation de l'instant présent.
Et, de fait, assise en posture, on prend conscience que l'on passe son temps d'une pensée à l'autre, d'une distraction à

l'autre. On a tout le temps envie de *faire* quelque chose... Même quand on est une paresseuse !
Or, méditer ne signifie pas arrêter de penser, mais ne plus s'attarder sur ce que l'on pense ; c'est savoir que les pensées vont passer comme des nuages.
Je ne suis pas ma pensée. Elle est impermanente.
Je ne suis pas mes sensations. Elles sont impermanentes.
Je suis calme et immuable.

Cela étant dit, votre conscience est désormais aiguisée. Vous allez pouvoir apprendre à ne rien faire et à être.

Un programme d'initiation en trois temps

Il faut entrer en relation avec le corps pour pouvoir, ensuite, l'oublier.
Détendue, vous allez entrer dans un face-à-face avec le réel. Vos repères temporels vont s'effacer ; un temps plus fort, avant-goût d'absolu, sera à l'œuvre.

Le programme de la méditation

- **Phase préliminaire :** on commence par des exercices physiques. C'est la phase de sagesse du corps. Elle est facultative (car on n'a malheureusement pas toujours le temps), mais c'est une façon *idéale* de s'approcher de la méditation. C'est une étape que je considère comme très utile... donc pas si facultative que ça !

- **Phase I :** on va prendre la posture et la garder cinq minutes pour commencer (progressivement, vous irez jusqu'à vingt minutes).
- **Phase II :** enfin, nous verrons comment quitter la posture et revenir à l'extérieur de soi, plus consciente.

Phase préliminaire – la sagesse du corps[6] : apaiser les tensions physiques

On n'entre pas en méditation n'importe comment. Il faut s'en approcher.

La sagesse du corps s'adresse aux nouveaux méditants comme aux anciens. Car les contractions du corps sont toujours un blocage sur le chemin intérieur. Et nos tensions sont innombrables.

Bon à savoir

Cette préparation physique est importante quand on peut la faire, mais elle n'est pas obligatoire. La plupart des méditants ne font pas d'exercice. Ou un minimum, dont le plus simple est de s'incliner. Cela signifie extérieurement que l'on va entrer en soi et qu'on le fait en conscience.

6. Cette sagesse du corps est transmise au centre spirituel Béthanie, en Moselle. Je l'ai reçue de Rachel Goettmann.

Si on ne peut forcer la détente, on peut l'induire. Nous allons donc entrer dans un exercice de conscience et de détente du corps.

Cette étape de préparation corporelle n'est pas un moment de récréation ou de distraction ; il vous permettra de vous libérer de tensions inutiles, mais c'est aussi et surtout une stratégie qui vous amène à diriger votre attention sur votre corps (et non plus dans le mental), de vous retirer du quotidien et entrer dans la sensation. Le maître mot va d'ailleurs être celui-ci : sentir.

Avant de prendre la posture, chaque fois que l'on en aura le temps, on préparera donc son corps afin de dénouer autant que possible ses crispations. Parcourir tout son corps, non pour faire un exercice de relaxation, mais bien un exercice de présence à son corps. On n'est pas là pour se détendre mais pour s'ouvrir et faire une expérience de l'être.

Le concept est plutôt simple, il s'agit de passer par le corps pour dévoiler ensuite l'esprit. Les deux étant intimement reliés, il est toujours plus facile de volontairement relâcher un groupe de muscles que de se vider l'esprit.

L'autre bienfait important est l'équilibre retrouvé entre les systèmes nerveux sympathique et parasympathique. L'excès de réflexion et d'analyse a un effet néfaste sur l'ensemble de notre métabolisme : la préparation du corps rétablit cet équilibre entre le corps et le mental.

On va ainsi progressivement prendre conscience de chaque partie de son corps, du sommet du crâne jusqu'aux pieds.

La tradition parle de « sagesse du corps » et l'on sent bien dans cette formulation que cette étape a un objectif plus ambitieux qu'une simple mise en condition physique. La visée est plus ample et l'on sent combien, bien qu'elle soit facultative, elle est une aide plus que précieuse.

Les exercices apaisent le corps et dénouent les tensions de façon à permettre aux sens de se recueillir et à l'âme de devenir disponible.
Les exercices de détente sont légion. Un élément fondamental se retrouve un peu partout : *le sentir* afin de débrancher le mental.
Ressentir une sensation, à l'état pur, sans l'interpréter, opère une déconnexion immédiate des centres nerveux.

Avant d'écouter le silence en vous, vous allez donc écouter votre corps. Comme je vous le disais, cette étape de sagesse du corps n'est pas obligatoire, mais, vous l'aurez compris, les tensions sont des lests sur le chemin car vous les retrouverez ensuite une fois installée en posture. Il est donc conseillé, à chaque fois que cela est possible, de s'accorder du temps pour cette étape (une demi-heure environ).

Enregistrez l'exercice de la phase préliminaire

Afin de profiter pleinement de cet exercice, je vous invite dans un premier temps à lire ce protocole de sagesse du corps à haute voix (choisissez plutôt un timbre de voix bas et un débit lent), ou à le faire lire par quelqu'un de votre choix. Vous avez du mal à entendre votre propre voix.

Vous pouvez l'enregistrer sous forme de fichier numérique et le transférer sur un support compatible avec votre matériel audio (CD, clé USB, lecteur mp3…) cela vous permettra de vous laisser guider par la suite.
Pensez, lors de la lecture et de l'enregistrement, à bien laisser un temps d'arrêt de quelques secondes quand il y a le mot « sentir », afin de vous laisser le temps du relâchement, de l'intégration et de l'accueil des sensations.

(Début de la lecture.)

Vous allez commencer par vous installer sur une chaise.
• *Tout d'abord, prenez conscience que vous êtes là, assise sur une chaise (avec un coussin qui relève votre bassin). Vous êtes enracinée en terre. Vos pieds sont en contact avec le sol, légèrement écartés de façon que les cuisses ne soient pas resserrées.*
Vous avez une attitude verticale juste, c'est-à-dire décrispée, débarrassée de toute « volonté » de vous tenir droite.
• *Prenez désormais conscience du contact de vos pieds avec le sol. Laissez-vous aller dans vos pieds.*
• *Ouvrez les mains sur vos cuisses, rentrez légèrement le menton et sentez le sommet de votre tête en contact avec le ciel. Votre colonne est étirée, mais sans rigidité.*
• *Votre regard est semi-ouvert. Amenez aussitôt l'énergie du sourire dans vos yeux. Un sourire radieux, magnifique.*

(Fin de la lecture.)

Le sourire des yeux

Les yeux sont reliés au système nerveux autonome, qui contrôle le fonctionnement des organes et des glandes. Ils sont les premiers à recevoir les signes d'émotions, ils déclenchent l'accélération du fonctionnement des organes et des glandes en cas de stress ou de danger (réaction de combat ou de fuite), puis leur ralentissement quand la crise est passée. Par conséquent, en relaxant simplement vos yeux, vous pouvez relaxer tout votre corps. Souriez intérieurement des lèvres et laissez monter en vous une légère « pétillance » dans vos yeux. Cela vient tout seul, c'est le sourire le plus sincère. C'est celui de la Mona Lisa de Léonard de Vinci : les muscles autour de ses yeux indiquent un sourire authentique. On l'appelle le « sourire de Duchenne » – les scientifiques ont isolé plus de cinquante sourires, celui-ci a la palme d'or ! Si vous n'y arrivez pas tout de suite, plissez légèrement les yeux afin de créer de petits coussins sous vos yeux. Pensez à des souvenirs joyeux et laissez votre visage faire le reste !

Il y a une énergie fantastique dans le sourire des yeux, qui sort de la racine du nez et détend le cerveau, la mémoire, mais aussi tout le visage.

Par cette simple détente, vous pouvez déjà calmer tout votre système nerveux.

« Ça » se lâche en moi

On a tendance à dire aux méditants qu'il faut se lâcher. Tout d'abord, il ne « faut » rien. Ensuite, le mot « lâcher » n'est pas juste. Car l'idée de se lâcher implique une action. Or, méditer, c'est du non-agir.

Comme si notre volonté pouvait être utile pour se lâcher !

C'est comme si l'on vous disait : « Arrête d'avoir peur de ce cheval, il va le sentir et ça va l'énerver ! » Que parierez-vous qu'il arrivera ? Vous serez encore plus tendue !
Il serait plus proche de la réalité de se dire : « Ça se lâche en moi. » Comme on respire, sans volonté propre. Ça respire en moi, ça se lâche.

Vous êtes désormais installée. C'est parti pour l'étape suivante. L'exercice dure une petite demi-heure.
Adoptez une attitude passive et détachée, libre de préoccupations concernant votre performance de relaxation. Comme on vient de le voir, n'essayez pas de vous relaxer à tout prix ! Laissez faire ce qui peut et doit se faire, simplement.

Nous allons diviser le corps en différents groupes musculaires pour en prendre successivement conscience. Il s'agit juste de devenir attentive à ce que l'on ressent. Il s'agit de prendre conscience et d'accueillir les sensations de notre corps. Vous ferez une pause de lecture pendant le temps de ces automassages.

(Suite de la lecture.)

Pieds et jambes

Enlevez vos chaussures. Vos deux pieds sont parallèles, bien en contact avec le sol.
Prenez conscience de votre pied droit. Puis de votre pied gauche.
Frappez le pied droit sur le sol. Trois fois. Faites de même avec votre pied gauche. Trois fois de suite. Sentez vos pieds.

Relâchez vos mollets et prenez conscience des sensations qui les habitent.

Prenez maintenant vos genoux dans vos mains. Rentrez légèrement le menton, sans vous pencher trop en avant.
Caressez et laissez danser vos genoux dans le sens des aiguilles d'une montre. Sept fois. Puis en contresens, sept fois également. Cela permet de délier les ligaments et de redonner de la souplesse aux genoux. Redressez-vous, le dos bien droit.
Sentir.
Silence.

Posez vos mains sur la face extérieure de vos cuisses, à hauteur des aines. Laissez-les couler le long des cuisses.
Contournez vos genoux et remontez vos mains dans la face interne des cuisses. Plusieurs fois de suite.
Puis reposez vos mains ouvertes sur vos cuisses.
Sentir.

Périnée et muscles fessiers

Il est désormais temps de détendre la région du périnée (muscle anal, organes génitaux extérieurs, vessie).
Sur l'inspir, resserrez fortement le muscle anal et rentrez le ventre. Vous ressentirez une légère contraction dans le bas-ventre. C'est votre muscle transverse qui se cocontracte avec le périnée. Ce muscle attire le nombril vers l'intérieur.
Lâchez sur l'expir. Répétez l'exercice trois fois. Jamais plus.

Vous allez ensuite détendre les muscles fessiers. Roulez-les sur la chaise dans le sens des aiguilles d'une montre, puis en contresens.
Puis reprenez bien votre assise. Respirez paisiblement.

Vérifiez que votre menton « regarde » toujours bien le sternum, que le sommet de votre tête est toujours en contact avec le ciel et que vos yeux sourient.
Sentez votre corps quelques instants.
Faites silence.

Colonne vertébrale

Vous allez entrer dans la structure de la colonne vertébrale, qui est votre arbre de vie. Il faut laisser votre conscience traverser ces différentes parties.

Le coccyx (au niveau des premières vertèbres, celles qui relient vos hanches) se détend en même temps que le sacrum.
Fermez vos poings sans violence et posez-les au niveau du bas du dos, sur le sacrum, au milieu du bassin. Massez doucement, de haut en bas, de bas en haut.
Puis, pour approfondir ce massage, posez les deux mains ouvertes sur les hanches et massez-les à leur tour (12 fois).

(N'oubliez pas de faire une pause de lecture pendant le temps des automassages.)

Sentez un éveil et une détente dans tout votre bassin.
Poursuivez en montant dans la région des lombaires et des reins. Posez vos mains sur vos reins, au-dessus des vertèbres sacrées (c'est-à-dire au-dessus de la ceinture), avec beaucoup de douceur. Les pouces bien ouverts vers l'avant. Évitez de vous pencher en avant. Massez de haut en bas pour libérer vos reins.

Remettez vos mains sur les cuisses, laissez sourire vos yeux.
Concentrez-vous sur la sensation de détente.
Faites silence. Respirez paisiblement.

On continue à monter le long de l'arbre de vie et on arrive aux vertèbres dorsales (elles vont jusqu'aux épaules).

(Pause de lecture.)

La détente est aussi liée aux épaules. Le fait de hausser les épaules est un phénomène typique de la préparation au combat. Ainsi, tout au long de la journée, la zone du trapèze (muscle principal du milieu/haut du dos et du cou) ne cesse de se crisper. Comme si la vie était un match à gagner… À la fin de la journée, nos épaules sont crispées, souvent douloureuses. La douleur peut s'étendre dans les muscles et nerfs environnants. Le mal de tête et la tension du cou qui en découlent sont parfois très incommodants.

(Reprise de la lecture.)

Voici deux exercices qui ne seront pas de trop !

• *Soulevez vos deux épaules au maximum et roulez-les vers l'arrière. Cela va détendre en même temps les vertèbres dorsales, les épaules et les bras jusque dans les mains. Laissez aller vos bras et vos mains en même temps.*

Sentir.

• *Pliez vos coudes, posez le bout des doigts sur vos épaules et faites des rotations d'épaules d'avant en arrière, puis d'arrière en avant, dans un mouvement ample et lent.*

Sentir.

Reposez vos mains sur vos cuisses. Concentrez-vous sur la sensation de détente. Faites silence.

Pour aller plus loin et plus profond dans la détente, resserrez les poings sur l'inspir et, sur l'expir, lâchez tout ce à quoi vous vous agrippez.

Inspir, serrer, expir, lâcher.

Répétez trois fois de suite.

Respirez calmement, lentement, régulièrement. Sentez votre corps quelques instants. Faites silence.

(Pause dans la lecture.)

La nuque

Elle fait la jonction entre le cerveau et ses exécutants que sont les bras et les jambes. Traversée de nombreux nerfs et de vaisseaux sanguins vitaux, la nuque assure la liaison entre le cerveau et le corps. Elle est aussi un grand réservoir de tensions.

(Reprise de la lecture.)

• *Expirez en amenant doucement la tête sur l'épaule gauche. Inspirez, relevez la tête vers le centre. Expirez en penchant doucement la tête sur l'épaule droite. Inspirez, ramenez la tête au centre.*

Variation possible : *sur l'expiration, descendez doucement la tête vers l'avant sans forcer jusqu'à ce que le menton touche le sternum. À l'inspiration, relevez la tête et penchez-la lentement vers l'arrière. Regardez vers le haut. Ça détend le cou, les cervicales, la gorge et les épaules.*

• *Pour entrer spécifiquement dans les sensations de la nuque, vous pouvez vous exercer avec les mouvements de tête pour dire « non » et « oui ».*

Vous allez fermer les yeux et c'est votre menton qui va diriger le mouvement. De droite à gauche, et inversement, dites un vrai « non », c'est-à-dire dans la force et la douceur en même temps. Allez à votre rythme.
Non, non, non…

Faites désormais l'expérience d'un vrai oui, les yeux grands ouverts, la tête d'avant en arrière. Soyez toujours dans la force et la douceur en même temps. C'est encore le menton qui dirige. On commence par un mouvement en avant. Oui, oui, oui…

Sentez votre nuque.

(Pause dans la lecture.)

Le visage

Le visage est une partie du corps que l'on songe (trop) rarement à détendre. Il accumule lui aussi des tensions, surtout au niveau des maxillaires, où se trouvent un certain nombre de nerfs.

(Reprise de la lecture.)

- *Vérifiez tout d'abord que vous avez conservé votre sourire des yeux.*
- *Plissez le front comme lors d'une colère. Relâchez-le.*

Soulevez les sourcils le plus haut possible jusqu'à sentir la tension sur le front.

- *Relâchez. Répétez ces deux exercices plusieurs fois, puis immobilisez tous les muscles du visage pendant quelques secondes.*
- *Sentir.*

- *Avec vos doigts, en partant de la racine du nez, massez vos arcades sourcilières jusqu'aux tempes. Sept fois. Massez bien. Tout votre visage se détend.*
- *Prenez le majeur (le troisième doigt) et, à partir de la racine du nez, massez les maxillaires en allant jusqu'aux tempes. Bien sentir les maxillaires.*

• Entrouvrez un peu les lèvres pour lâcher le menton. Beaucoup de tensions s'accumulent dans les mâchoires.

Voici deux exercices tout simples. Pratiquez celui qui vous convient le mieux. Ou les deux.

– Placez vos doigts sur vos joues et décrivez de petits cercles tout en appuyant, jusqu'à sentir vos joues et vos mâchoires se détendre.

– Décrispez votre mâchoire, desserrez les dents. Ouvrir. Fermer. Ouvrir. Fermer. Trois fois. Fermer. Trois fois de suite. Vous n'aurez plus envie de mordre qui que ce soit !

La langue au plafond (un truc qui vient du yoga)
Amenez doucement la pointe de la langue au plus haut du palais, derrière les dents de devant. Vos mâchoires tombent et se détendent naturellement.

L'heure de sourire

Le visage est désormais détendu (autant que possible !). C'est l'heure de sourire.

Souriez intérieurement à votre nez. Sentez les narines qui se détendent.

Souriez intérieurement à vos oreilles. Laissez le sourire entrer dans vos oreilles, elles s'ouvrent.

Au fur et mesure que vous souriez à vos sens, vous sentez le front qui se détend en même temps.

Souriez intérieurement à vos lèvres, la langue se détend. Enroulez-la contre le palais, déroulez-la, enroulez-la, trois fois de suite.

Si vous l'avez perdu, reprenez le sourire des yeux. Un sourire radieux, magnifique. Il doit s'effectuer sans effort. Il s'agit de l'inviter intérieurement et de le laisser venir et rayonner.
Lorsque vous sentez qu'il est là, laissez-le se déverser en pluie depuis vos yeux et faites-le descendre.

La gorge

Il est temps de détendre votre gorge.
Prenez votre main droite pour commencer, puis la gauche et caressez doucement votre gorge le temps que vous jugez nécessaire. Elle a tant besoin de douceur. Tous ces sons bloqués, ces mots qu'elle ne prononce pas... Tous ces sons crachés, ces cris qu'elle n'est pas toujours heureuse d'avoir émis.
Sentez votre gorge.

Poitrine et plexus solaire

Ouvrez et détendez votre poitrine, votre centre cardiaque, de sorte qu'il n'y ait aucune oppression dans la zone.
Servez-vous de votre main droite et tapotez toute la poitrine. Cela va résonner.

Puis poussez un grand et long soupir. Vos tensions se vident, la détente s'installe de plus en plus. (Vous en avez presque oublié de penser à vos courses pour le dîner de samedi, avec tout ce temps consacré à ressentir...)

On passe maintenant à la libération de la région du plexus solaire, porte de passage entre le ciel et la terre et zone si souvent nouée.

Le plexus solaire est un plexus nerveux situé au niveau de l'abdomen entre le sternum et le nombril. Il est situé sous la poitrine, au-dessus du ventre, et il est très sensible à la chaleur.

Offrez-lui une séance « bouillotte » ! Frottez vos mains l'une contre l'autre pour amener de la chaleur en elles. Prenez le temps de sentir cette chaleur rayonner. Posez alors tout simplement vos mains l'une sur l'autre sur la région du plexus solaire, la chaleur ressentie va progressivement s'amplifier.
Sentir.

La zone du ventre

En harmonie avec votre respiration, de plus en calme et régulière, vous allez désormais décontracter vos muscles abdominaux.
Votre ventre se relâche et se détend progressivement. Vous en profitez pour activer plusieurs respirations abdominales :
– sur l'inspiration, alors que l'air entre dans vos narines, vous poussez votre ventre en avant, comme un ballon qui se gonfle ;
– sur l'expiration, alors que l'air sort de votre corps, soit par les narines, soit par la bouche, rentrez votre ventre, comme un ballon qui se dégonfle.
Sentir.

Tenez désormais votre ventre dans les deux mains, les pouces sont en contact à hauteur du nombril.
Vos mains, bien dirigées vers les aines, suivent le mouvement de votre respiration. Écoutez comme ça respire en vous.

Laissez désormais vos deux mains sur vos cuisses et prenez conscience de votre souffle qui va et qui vient.

À l'inspir, je reçois la vie, je l'accueille, je la laisse couler en moi.
À l'expir, je m'abandonne dans une confiance totale.
Inspirez et expirez plusieurs fois de suite.

Gardez le silence, gardez l'attention, gardez le calme.

Après avoir lâché vos crispations avec la sagesse du corps, vous voici désormais aux portes de la méditation.

(Fin de lecture et d'enregistrement.)

Trois petits exercices de détente de base

(À pratiquer sans modération 365 jours par an, dès que vous y pensez et si vous n'avez pas le temps de faire les exercices de sagesse du corps.)

• **Laissez vos épaules se détendre.** La moindre crispation dans les épaules, où se localisent tant de tensions, est un manque de confiance de toute la personne. Entraînez-vous à vous lâcher dans vos épaules. C'est-à-dire détendez vos épaules et, surtout, *détendez-vous dans vos épaules.*

• **La respiration forcée.** La bonne technique est d'inspirer pendant quatre secondes, puis d'expirer pendant huit secondes. Faire cela trois fois suffit à relâcher le corps.

• **Le bâillement.** Il faut décrisper sa mâchoire, qui a tendance à être serrée à cause du stress. Se forcer à bâiller génère automatiquement les réflexes physiologiques de détente d'un vrai bâillement. Ça relaxe les mâchoires. Bâillez sans retenue, bouche grande ouverte. C'est d'ailleurs un excellent exercice pour lutter contre les tensions à tout moment de la journée : une tension intérieure apparaît, votre esprit commence à s'encombrer ? Ouvrez la bouche et bâillez !

Phase I – La posture du méditant

Notre façon de nous tenir a un effet profond sur les émotions et les états mentaux dont nous faisons l'expérience. Mais attention, même si la méditation n'est pas que la posture, celle-ci est importante : « *La posture engendre l'homme à lui-même* », disait maître Dogen.

Méditer se déroule schématiquement en trois étapes :
– s'asseoir ;
– respirer en se focalisant sur son souffle, en le sentant venir en soi et sortir de soi ;
– ramener l'esprit à la respiration quand il s'égare.

Pour vous installer, il y a un principe important à garder en mémoire : votre posture doit vous aider à rester alerte et attentive.

Juste s'asseoir et respirer

Les techniques décrivant l'art de s'asseoir sont très nombreuses et les postures diffèrent d'une tradition à l'autre, mais les principes sont les mêmes car la posture est liée à la géométrie du corps.
Vous devez trouver une position qui vous semble confortable. Ne forcez surtout pas au niveau des jambes (c'est le point faible des débutants). Il faut donc s'asseoir pour avoir le moins vite possible mal aux jambes ! Écoutez votre corps. L'inconfort est une distraction pendant la méditation. On n'est pas là pour souffrir ni pour s'initier au masochisme !

D'abord, commencez par vous poser, sur le sol, dans votre corps, dans le présent. Enracinée.

Si l'on veut contacter le corps que l'on est en méditant, il faut commencer par l'ancrer à la fois en terre et en ciel. C'est la raison pour laquelle il faut s'aligner verticalement et se tenir le dos droit.

On l'a vu, si l'esprit joue sur le corps, le corps influence aussi l'esprit. En pensant à s'aligner sur le ciel et sur la terre, on aide l'esprit à trouver son centre.

Vous allez commencer simplement par prendre votre place dans l'espace. Vous allez chercher avec votre dos, votre poitrine et vos épaules à occuper le maximum d'espace au lieu de rester recroquevillée sur vous-même. Prenez le temps qu'il faut pour bien vous asseoir.

Votre corps va ainsi peu à peu occuper sa juste place.

Quelle posture retenir ?

N'ayez surtout pas peur de prendre soin de vous et d'être installée confortablement ! D'une part, personne ne vous voit et, d'autre part, vous pratiquerez une fois, mais pas deux, si vous souffrez le martyre au bout de cinq minutes.

Parole de méditante confirmée

Ce que je peux vous dire d'encourageant, c'est qu'avec la pratique, ces douleurs s'estompent et disparaissent (même si, je ne vais pas vous mentir, elles reviennent encore de temps en temps nous rendre des petites visites…).

La posture à retenir dépend de votre âge et de votre santé. Il est bien sûr possible de méditer assise sur une chaise (voir encadré suivant).

• Vous pouvez vous mettre à genoux avec des coussins sous les fesses (n'hésitez pas à en mettre plusieurs au début !). Utilisez également des coussins pour caler vos genoux. Les pointes des pieds se recouvrant légèrement l'une l'autre, asseyez-vous entre les deux talons.
Cette façon de s'asseoir est sans doute la plus traditionnelle et peut-être la plus agréable pour tous.
Au début, un petit banc de 20 cm de haut et un coussin ou une couverture posés entre les talons et les fesses rendront l'assise moins douloureuse.
Le tabouret peut aussi être un cube en bois ou en mousse dure, ou encore une couverture enroulée, sur lesquels on s'assied à cheval.

• Vous pouvez aussi tout simplement vous asseoir en lotus, avec les jambes croisées. Dans la position du lotus, chaque pied repose sur la cuisse opposée, la plante du pied tournée vers le haut (si vous ressentez de la douleur dans les chevilles, arrêtez là et trouvez une posture plus facile). Dans la position du demi-lotus, un pied est sur la cuisse opposée avec la plante vers le haut, pendant que l'autre repose par terre comme dans la position en tailleur.
Les jambes ainsi croisées expriment l'unité de l'être – l'unité de la vie et de la mort, comme du masculin et du féminin. On dit que le lotus complet est la position la plus stable pour méditer. Mais chaque chose en son temps…

Conseil de méditante confirmée

Quand on débute, il n'est pas nécessaire de prendre la position du lotus, ni même du demi-lotus, si prisée des Orientaux mais peu adaptée à notre morphologie. De grâce, faites au plus simple et au plus confortable !

Méditer assise sur une chaise

Pour celles qui auraient du mal à s'asseoir par terre, il est parfaitement possible de méditer sur une chaise. Ne pas s'adosser, mais s'asseoir sur le bord avant, les jambes perpendiculaires au sol, la plante des pieds fermement posée à plat, les genoux toujours plus bas que le bassin, sinon le centre vital ne se libère pas et le processus d'enracinement est difficile à atteindre.
Mettez un coussin pour surélever les fesses et les hanches par rapport aux genoux.

Un dos droit

Se redresser, c'est être intéressée par ce qui se passe, c'est une façon d'être alerte, de trouver en soi un axe juste. Soutenir sa colonne ne veut pas dire se tenir raide comme un piquet ! Sentez que votre tête est reliée au ciel par un invisible fil d'or.

En pratique, votre colonne vertébrale cherche à se redresser dans la souplesse (malgré ses tensions et rigidités), suivant une légère courbe naturelle dans la région lombaire. Vous ne devez ni être courbée en avant, ni avoir le bas du dos trop cambré. Le devant de votre corps est ouvert.

Vos épaules tendent à la détente, la respiration s'apaise, se libère. Appréciez l'exactitude de votre verticalité...

N'essayez pas de vous mettre dans l'attitude d'un yogi confirmé, vous useriez toute votre énergie en vain et seriez dégoûtée très rapidement. Ne soyez pas présomptueuse.

Les fesses bien posées

Il est encore plus important de choisir une posture stable que de choisir telle ou telle posture : les deux fesses bien d'aplomb, les genoux ou les mollets offrant de bons points d'appui au sol.

Trouver la bonne verticale

Un bon repère pour s'asseoir est de toujours conserver les genoux plus bas que les hanches. Cela permet au bassin de basculer et de s'incliner légèrement vers l'avant.
Ainsi, le ventre peut s'ouvrir devant et se détendre, et la colonne vertébrale se place beaucoup plus facilement en bonne position.

Le bassin est légèrement penché vers l'avant, sans cambrure exagérée au niveau des reins. Cela permet au bas de la colonne vertébrale de garder sa courbure normale (en creux), ce qui empêche le corps de s'affaisser sur lui-même.
Cette position permet à la tête d'être bien au-dessus de la cage thoracique (et non avancée) et à l'abdomen d'être

dégagé pour une respiration profonde et ample. Sans cette bascule du bassin, le centre vital ne se libère pas et le processus d'enracinement est plus malaisé à atteindre.

Bon à savoir

Assise ainsi, vous resterez alerte puisque cette posture ne permet pas l'endormissement.

La tenue de la nuque

Le port de la tête est très important. Trop en avant ou trop en arrière, la nuque brise la continuité de la verticale et empêche la descente en soi. La qualité de la circulation sanguine est d'ailleurs très différente dans la tête selon sa position.

En pratique, il suffit, pour mettre la nuque dans le prolongement de la colonne vertébrale, de rentrer un peu le menton, ce qui étire les cervicales, et de ne pas perdre mentalement le contact du plafond avec le sommet arrière de la tête.

Votre tête doit être équilibrée sans effort sur la colonne vertébrale, le menton légèrement rentré. La nuque doit perdre ainsi sa raideur, former une ligne avec la colonne, détendue, longue et ouverte.
Dans cette posture, l'homme est un arbre solidement enraciné en terre.

Ça se lâche dans les épaules

Toute la verticale repose sur une base : les fondations. Le bon lâcher-prise du haut du corps, siège de l'ego, dépend *entièrement* de l'enracinement en terre.

Maintenant que vous vous approchez de votre posture (on s'en approche tout le temps, on tend vers, mais on n'y arrive que rarement), il s'agit donc, sans vous affaisser sur vous-même, de vous laisser glisser dans votre expiration. C'est un mouvement que l'on sent, pas un mouvement que l'on fait. On ne *fait* rien dans la méditation, sauf maintenir la posture, l'aplomb.

En pratique, sans modifier votre attitude, laissez-vous légèrement glisser dans l'expiration, qui devient alors *automatiquement* plus longue que l'inspiration.

Prenez votre temps et répétez cet exercice jusqu'à ce que se produise le premier mouvement menant à l'attitude juste : le lâcher-prise. On sent que ça se lâche dans les épaules dès le début de l'expiration. On ne pousse pas les épaules vers le bas, mais on se relâche dans les épaules par ce mouvement de lâcher-prise.

Vous le constaterez aussitôt : ce lâcher-prise de soi dans les épaules au début de l'expiration peut être suivi d'un grand mouvement de confiance et d'ancrage vers le bas : à la fin de l'expiration, vous serez littéralement assise dans votre bassin qui, à son tour, se dilatera, se détendra et s'enracinera de plus en plus.

Ces deux premiers mouvements ne sont en fait que les deux parties d'un seul et même mouvement de haut en bas.

Tout part du *hara*

En matière de méditation, Karlfield Graf Dürckheim a incontestablement tendu un pont entre l'Orient et l'Occident. Il a notamment popularisé le terme de *« hara »*, découvert lors de son voyage dans l'empire du Soleil levant. Les Japonais l'assurent : notre ventre, ou notre *« hara »*, est le réservoir de notre énergie (ils parlent d'un « océan d'énergie »).

De fait, dans le bassin et la sangle abdominale dort une force qui ne demande qu'à être réveillée. Centrées sur elle, nous faisons preuve d'assurance et de sérénité. Coupées d'elle, le moindre choc peut nous faire vaciller. Nous avons perdu tout contact avec notre *hara*.

Pour développer son *hara* (force vitale située à trois doigts en dessous du nombril), il faut se servir consciemment de sa respiration naturelle, la regarder aller et venir. Utilisez le début de l'expiration pour observer la détente du corps dans les épaules et le mouvement vers le bas qui vous invite à vous poser dans le bassin.

On dit qu'un homme a du *hara*, non pas parce qu'il est dans l'assise, mais parce que son centre est dans le ventre, qu'il soit debout ou assis.

Suivre l'expiration vers le bas

Après vous être lâchée dans les épaules, vous allez diriger doucement mais fermement l'expiration vers le bas, sans aucun effort, le bas-ventre se libère facilement.

En prolongeant un peu l'expiration à la fin de son parcours normal, la paroi abdominale est légèrement tendue, ce qui permet de ressentir une force dans le *hara*, cette zone du ventre située sous le nombril et sur laquelle toutes les traditions spirituelles conseillent de concentrer sa respiration.

Faites comme si vous souffliez une bougie (« pffff ») en posant vos mains sur le bas-ventre. Sentez votre ventre qui repousse les doigts. Faites-le trois fois de suite. Cela active l'éveil du centre. La sensation de stabilité apparaît.

L'expérience vous montrera que cette assise signifie beaucoup plus qu'une façon de se tenir physiquement et qu'elle conduit à toute une évolution de la personne, voire à une transformation profonde.

Vous êtes désormais ancrée en terre, ancrée en ciel. C'est la double polarité de l'homme.

Posez maintenant vos mains sur vos cuisses. Désormais, ne touchez plus à votre posture.

Vous êtes immobile, plus rien ne bouge sauf votre diaphragme qui va et qui vient.

Parole de sage

« Plus le débutant a conscience de ce qu'il doit faire et plus il constate combien il est tendu au niveau des épaules et se retient "en haut", plus il se rend compte qu'il est loin de "s'installer" avec confiance dans son bassin et de se laisser porter par lui. C'est ainsi qu'il comprend à quel point il se cramponne au domaine du Moi. »

Karlfried Graf DÜRCKHEIM,
Hara, éditions Trédaniel.

Témoignage de Marc, pratiquant aguerri

« Les douleurs perçues, par exemple dans les chevilles, et les désagréments comme une violente envie de se gratter, de se racler la gorge ou de renifler, même s'ils sont en partie réels, sont amplifiés par l'imagination.
Quand cela arrive, il faut donc essayer de surmonter le désir impérieux de bouger et de fuir la séance. C'est à ce prix que l'on progresse et que l'on peut entrer dans la méditation proprement dite. »

Ajuster son regard

La posture idéale est celle des yeux ouverts, détendus : le regard se diffuse à la fois au-dehors et au-dedans, comme on le voit sur la plupart des représentations du Bouddha. De ce double rapport émerge une quiétude particulière.
Vous en prendrez vite le pli en constatant combien les progrès sont plus rapides que lorsque les yeux sont complètement fermés : la somnolence ne l'emporte plus ; de même, les distractions de tout ordre et l'évasion rêveuse tendent à disparaître.

En pratique, vous avez les yeux ouverts, les paupières détendues et le regard neutre posé sur un point, à une distance d'un mètre environ devant vous, sans rien fixer. On est dans l'acte de voir (on doit garder la conscience de son environnement, on ne part pas dans une rêverie), sans regarder.

Détail d'importance

Poser sa langue à l'arrière des dents supérieures n'est pas neutre, c'est un point très important en énergétique chinoise. En outre, cela empêche une salivation excessive et évite également que votre bouche ne devienne trop sèche. Un truc fort utile !

On récapitule ?

- Votre posture est stable, vos mains sont posées dans votre giron (espace qui s'étend de la ceinture aux genoux d'une personne assise), votre regard s'ajuste.
- Vos épaules se sont détendues, votre expiration est légèrement dirigée vers le bas, vous êtes ancrée dans votre *hara*.
- Vous respirez le plus naturellement possible.
- Plus rien ne bouge.

La respiration : le vrai maître de méditation

La respiration est la base de la vie, c'est elle qui donne le rythme, qui permet d'être, d'avancer. Respirer est l'un des actes semi-inconscients les plus fréquents. Et, la plupart du temps, étonnamment, nous sommes absents de cet acte. Et pourtant, du premier cri au dernier soupir, le jour comme la nuit, qu'y a-t-il de plus concret, de plus sensible et de plus vivant que le souffle ?

Parole de sage

« La respiration n'est pas seulement le fait d'aspirer et de rejeter de l'air, c'est en fait un mouvement fondamental de la vie. »

Karlfried Graf DÜRCKHEIM,
Le Hara, éditions Le Courrier du Livre, 1987.

Le souffle donne vie, il inspire, il transforme, il renouvelle.

La fonction la plus vitale de votre organisme est la respiration. C'est aussi la fonction la plus subtile. Elle est un médiateur entre le corps et l'esprit.
En observant la respiration, elle se transforme : elle passe d'une fonction automatique et non volontaire à une fonction consciente. Méditation après méditation, vous allez découvrir cette loi mystérieuse : « Tout mon être respire, je suis respirée. » Vous allez en prendre conscience, le sentir.

La respiration influe sur votre psychisme

La respiration est liée à vos états psychiques. Si vous avez peur, l'inspiration va prédominer et le rythme va se précipiter.
À l'inverse, le calme amène une prédominance de l'expiration et d'un rythme lent. Et le phénomène est réversible : vous pouvez influer sur votre psychisme à partir de la respiration.

Comment respirer pendant la méditation ?

Au moment de votre installation et de votre prise de posture, vous avez doucement mais fermement accompagné votre respiration vers le bas. Vous l'avez naturellement « allongée » et ça a lâché, ça s'est ouvert.

Désormais, n'y touchez plus, laissez votre respiration être ce qu'elle est maintenant. Le souffle est naturel, il doit s'établir de lui-même et ne doit surtout pas être contrôlé. Vous n'y pensez plus. Vous verrez, tout en restant calme, l'expiration va se faire naturellement plus longue, plus régulière et plus profonde. Elle provient de la zone du *hara*.

Comme une sorte « d'arrêt respiratoire »

En accompagnant votre expiration vers le bas, vous constaterez que votre respiration va devenir de plus en plus calme (certains jours, elle se « posera » dans la tranquillité en peu de temps, d'autres jours, il faut bien le dire, ce sera mission impossible). Un phénomène déstabilisant est susceptible d'apparaître assez rapidement : vous aurez parfois l'impression que vous ne respirez plus. Avec l'immobilité, par instants, la respiration semble en effet se « suspendre ».

Cette sorte « d'arrêt respiratoire » est une impression fausse. La respiration ne s'arrête jamais, c'est une roue qui tourne tout le temps. Vous êtes seulement entrée dans le mouvement respiratoire d'un enfant qui dort. L'expiration s'approfondit, s'approfondit… Il n'y a donc aucun danger si tout cela se fait sans effort et par un processus naturel. Le corps sait ce qu'il peut faire ou ne pas faire.

Les pratiquants du yoga parlent à ce sujet d'expérience de « non-souffle ». Elle va se reproduire de plus en plus régulièrement avec la pratique de la méditation. Elle génère souvent une sorte de peur et l'on fait alors machine arrière. Cette crainte n'est pas une faiblesse de notre part, mais une faiblesse de la nature humaine, elle est à apprivoiser.

La peur vous saisit ? Revenez aussitôt en un point auquel vous accrocher solidement (la conscience de votre *hara* ou de l'espace sous vos narines par exemple).

Conseils pour une respiration juste

« La respiration est le mouvement transformant par excellence, il nous est inné. Il faut être extrêmement vigilant à la relation entre expiration et inspiration. Lorsque l'on a compris qu'il ne faut pas inspirer, capter l'inspiration, mais que "ça nous inspire", au sens propre du mot, alors on pourra vivre à fond la respiration.

Il faudra mettre d'abord l'accent sur l'expiration, c'est-à-dire se lâcher. Ce n'est qu'après avoir lâché prise que l'on peut recevoir ; l'inspiration vient d'elle-même. Dès que l'inspiration est active et volontaire, on ferme la porte au lieu de l'ouvrir. L'inspiration comporte trois aspects dans un même mouvement : l'ouverture, la visitation et la plénitude.

Si vous demandez à quelqu'un d'expirer profondément, la plupart du temps il fera une grande inspiration, persuadé qu'il faut d'abord prendre pour pouvoir donner. C'est juste sur le plan existentiel : il faut avoir pour donner, mais sur le plan spirituel, c'est exactement le contraire ; il faut tout donner pour recevoir. »

Karlfried Graf DÜRCKHEIM.

Un classique parmi les classiques : *Anâpânâ*

La pratique de la méditation attentive au va-et-vient du souffle (*Anâpânâ-sati*) est l'une des bases fondamentales de toutes les méditations bouddhiques. C'est une façon d'exercer sa vigilance. Elle mérite que l'on s'y attarde.

Anâpânâ consiste à observer sa propre respiration et elle est sans danger. Cette technique a été décrite de façon très précise par le Bouddha : elle comprend seize étapes ou paliers. Nous nous limiterons à une initiation aux premières.

• **Phase 1** Concentrez-vous, de façon consciente, sur la porte des narines (zone en triangle qui va du bout de votre nez, en englobant les narines, jusqu'à la lèvre supérieure). La comparaison souvent utilisée est celle du scieur : il ne se concentre pas sur la totalité de la lame de sa scie, mais sur le point où celle-ci attaque le bois. Attentive, vous inspirez. Attentive, vous expirez. Observez tout d'abord votre respiration sur la zone. Ne cherchez pas à modifier votre respiration : contentez-vous de l'observer, lente ou plus rapide, s'apaisant peu à peu.

• **Phase 2** Au bout d'un moment, détournez votre attention sur vos narines et concentrez-vous sur l'entrée de la respiration dans une narine, puis dans l'autre, alternativement. Enfin, posez votre attention sur les sensations de la zone. Votre esprit va peu à peu s'apaiser. Votre respiration, plus légère, va se raréfier, rendant l'exercice de plus en plus subtil. Vous pouvez faire cet exercice en préliminaire à votre méditation, ou le conserver pendant toute la durée de celle-ci. Cette totale vigilance à l'instant présent fait taire le vagabondage mental.

• **Phase 3** Vous pouvez alors commencer à rester simplement assise, en vous concentrant sur la posture et sur le mouvement du souffle en vous.
Si le flux de vos pensées vous agite, focalisez-vous mentalement sur le point situé sur le bout de votre nez.

Regarder ses émotions

Certains moines poursuivent *Anâpânâ* plusieurs heures par jour, voire plusieurs jours d'affilée ! La même technique que celle qui a été appliquée aux narines est ensuite appliquée aux émotions qui surgissent.

Juste observer ses émotions. Ne pas les condamner, ne pas les approuver non plus : les observer, de façon équanime (égalité d'âme, d'humeur). Aucune émotion, ni positive, ni négative, ne dure. Sachez-le, expérimentez-le.

Témoignage de méditante

« J'ai pratiqué Anâpânâ *trois jours d'affilée à plusieurs reprises dans ma vie, c'est un travail éreintant mais passionnant : trois jours, dix heures par jour, à se concentrer sur la porte de ses narines et sur son souffle est surhumain ! On se croyait paresseuse et on se rend compte qu'on avait mal évalué les choses !!! En réalité, j'ai touché du doigt mon côté hyperactif caché ! Besoin de me projeter, besoin de réécrire les histoires vécues,*

besoin de crier, de pleurer, de danser, besoin de faire autre chose, là, tout de suite, de façon urgente...
Néanmoins, cet effort de concentration impersonnelle, intense et prolongée sur un objet unique, permet de diminuer progressivement l'activité de l'esprit. Je l'ai vécu pour vous, c'est indéniable. Ça m'a calmée mieux qu'une crise de larmes d'une heure, une partie de tennis, deux heures chez Auchan ou une nuit en discothèque (quand j'étais plus jeune...). Le mental est mis K.O. ! »

Anne Ducrocq,
Guide des retraites spirituelles dans toutes les traditions,
Albin Michel.

Comme au volant d'une voiture

Prenez l'exemple du conducteur d'une voiture. Vous êtes sur une route droite et vous regardez à l'horizon, vous vous fixez sur le but à atteindre. Sur les côtés de la route défilent des arbres, des personnes, des maisons, mais vous n'y prêtez pas attention car vous regardez le but. Ces images restent sur les bords du champ de conscience visuel. Il faut faire de même au cours de la méditation.

Les sensations doivent rester sur le bord de la route. Les sensations défilent, changent, passent, disparaissent, repassent et disparaissent à nouveau pour laisser la place à d'autres. Ne vous arrêtez pas, respirez, continuez toujours plus loin.

Sagesse indienne

« Inspirez la force, rendez-la manifeste en vous, expirez la faiblesse.

Inspirez le courage, rendez-le manifeste en vous, expirez la peur.
Inspirez l'amour, rendez-le manifeste en vous, expirez la haine.
Inspirez la beauté, rendez-la manifeste en vous, expirez tous les maux.
Inspirez la connaissance, rendez-la manifeste en vous, expirez, expirez l'ignorance. »

Swami VEETAMOHANANDA,
moine de l'ordre de Ramakishna en Inde.

Le parcours du corps

Le parcours corporel va vous permettre d'améliorer votre détente, qui, ne l'oubliez pas, n'est pas le but mais le moyen ! De fait, on n'en a jamais fini avec les tensions du corps, car nous nous raidissons chaque fois que nous refusons ou résistons intérieurement. Nous nous tendons face à ce qui nous insécurise et ce qui nous fait peur, ou encore lorsque notre moi se crispe sur ses positions acquises… La sagesse du corps a ouvert des espaces corporels et adouci certains blocages. Vous avez peut-être même bayé aux corneilles. Cela prouve qu'il y avait du travail à faire et que vous vous êtes détendue. Vous êtes désormais en posture, mieux ancrée dans votre *hara*.

Prenez conscience quelques instants de votre respiration, lente et profonde. Avec une respiration naturelle, vous allez vous détendre à l'intérieur de votre corps, de la tête aux pieds, partie par partie, endroit par endroit, sur l'expiration. Comme on l'a vu, on ne peut penser et sentir en profondeur en même temps.

C'est une perception inhabituelle que de sentir son corps de l'intérieur. La faculté du sentir est atrophiée chez un grand nombre d'entre nous. On trouve cela un peu difficile au début, mais *« cette perception intérieure s'affine très vite avec la pratique. Même si l'on ne sent rien tout de suite, le processus de détente se déclenche et provoque ses bienfaits dès le premier essai »*, écrit le père Alphonse Goettmann, prêtre orthodoxe et « maître de méditation » en Lorraine[7].

Le parcours du corps au début de chaque méditation est un travail en profondeur sur le corps. Cette étape est importante et fait *partie intégrante de la méditation*. Certains jours, avec l'habitude, vous pourrez parcourir votre corps plus vite. D'autres jours, cela occupera la moitié de votre temps de méditation.
Et, occupée à sentir encore et encore, vous prendrez ainsi vos distances avec votre mental. Vous irez de l'extérieur vers l'intérieur en guettant vos sensations, en les savourant, en prenant tout votre temps.

Qu'est-ce que sentir de l'intérieur ? On va quitter la surface de la peau et des sens – il fait chaud ou froid, il y a du bruit ou pas… – pour descendre à l'intérieur, dans les

7. Avec son épouse, ils animent un centre de rencontres spirituelles, Béthanie (www.centre-bethanie.org), dans lequel ils proposent depuis plus de trente-cinq ans des initiations à la méditation. Ils ont dressé un pont entre l'enseignement des Pères du désert, qui pratiquaient une forme de méditation dite « de la prière du cœur » et celle de Graf Dürckheim, dont ils ont été les disciples pendant vingt ans.

muscles, les nerfs, les organes… Ainsi, sentir ses yeux de l'intérieur, ce sera entrer derrière les paupières, sentir les globes oculaires. Bien sûr, on n'y arrive pas en une fois, c'est une sensation qui doit s'affiner méditation après méditation.

Au début, vous allez parcourir votre corps lentement, pour aiguiser vos sensations, apprendre à sentir à l'extérieur, mais aussi à l'intérieur. Puis, peu à peu, le parcours du corps se fera plus rapidement.

Vous réaliserez que ce ne sont pas vos poumons qui respirent, comme une petite mécanique, mais tout votre être. Tout votre être respire. En prendre conscience de plus en plus. Ça respire dans votre crâne, votre front, vos yeux, vos tempes, à l'intérieur de vos joues, votre langue et ainsi de suite, jusqu'à la pointe de vos pieds. Vous allez devenir de plus en plus sereine, détendue (autant que possible aujourd'hui !). Quand vous aurez fini le parcours du corps, vous allez vous sentir dans tout votre corps. Vous *êtes* votre corps, vous le sentez dedans, dehors. Ce calme est votre vraie nature.

Se laisser guider

Le parcours du corps que je pratique, sous la guidance du père Alphonse Goettmann, est enregistré sur ce site : www.meditation-chretienne.org/audio/conduite_meditation_30_minutes.mp3

Cela permet aux paresseuses connectées de le suivre en posant le livre et en se laissant guider.

Sinon, partez de votre tête et allez jusqu'aux pieds. N'oubliez pas de parcourir aussi bien l'avant du corps que l'arrière. Passez les détails de votre visage en revue, cuir chevelu, tempes, yeux, nez, pourtour des lèvres, lèvres, menton, oreilles, gorge, prenez conscience de votre cou et de votre nuque à l'intérieur. Faites descendre votre conscience dans vos épaules, vos bras jusqu'à vos mains. Ouvrez votre dos, votre poitrine, vos flancs. Entrez dans la sensation de votre ventre, de votre bas-ventre, de vos fessiers. Descendez intérieurement le long de vos cuisses, de vos mollets et rejoignez enfin la conscience de vos pieds.

Se laisser guider (*bis*)

Si vous avez besoin d'être accompagnée, vous pouvez vous procurer des livres avec des CD de méditations guidées. Je vous en recommande quatre, à vous de choisir !

• Christophe André, *Méditer jour après jour – 25 leçons pour vivre en pleine conscience* (+ 1 CD audio enregistré par Christophe André), Les Arènes, 2011.

• Jon Kabat-Zinn, *Méditer, 108 leçons de pleine conscience* (+ 1 CD audio enregistré par Bernard Giraudeau), Les Arènes, 2010.

• J-Mark Williams, John-D Teasdale, Zindel-V Segal, Jon Kabat-Zinn, *Méditer pour ne plus déprimer : La pleine conscience, une méthode pour vivre mieux* (+ 1 CD audio enregistré par Christophe André), Odile Jacob, 2009.

• Fabrice Midal, *Pratique de la méditation* (+ un livre audio), Le Livre de Poche, 2012.

Bienvenue dans cet espace inconnu… qu'est votre esprit

Vous avez achevé le parcours du corps. Vous êtes assise, extérieurement immobile. Votre posture s'est stabilisée. À l'intérieur, les pensées, les sensations, les émotions vont et viennent. Cela est. Vous observez pour la première fois de quoi est fait votre mental. Cela n'est pas forcément ce à quoi vous vous attendiez. Quand on prend conscience de la quantité de pensées sans qualité que l'on a, on a d'abord une tendance naturelle à se récrier : c'est moi ? ! J'en suis à ce niveau ? ! J'ai une telle quantité de pensées ? ! J'ai des pensées si banales ? ! Oui, c'est bien moi en ce moment.

Vous avez conscience de la façon dont votre esprit fonctionne. Il n'est jamais au repos. Ce qui compte, ce n'est pas de l'amener au repos, c'est d'être consciente. Et de s'entraîner encore et encore à regarder ce qui est sans réagir.

Ce n'est pas vous qui ferez venir le repos. On ne fait pas venir le calme en se forçant. Il descendra. *Ça* descendra en vous, sans votre volonté.

Mental et conscience

Le mental est parasité par les pensées. Et, selon Eckart Tollé, au moins 95 % d'entre elles sont compulsives, inutiles et répétitives ! C'est dur à entendre pour notre petit ego ! Notre psychisme malade fait écran, cela voile la conscience. Les Orientaux comparent le mental à un « sage ivre ». Quand il retrouve le silence contemplatif, il retrouve sa véritable nature.

L'expérience de la cascade

Commencer à méditer, c'est faire, souvent pour la première fois, l'expérience d'une très grande *« mobilité »* du mental sans cesse en mouvement. Vous expérimentez le déferlement des pensées dû à une agitation mentale grossière. Il vous est impossible de rester apaisée, ne serait-ce qu'une minute.

Quotidiennement, le mental est le théâtre d'un tumulte de pensées. Comme une cascade qui tombe violemment d'une falaise, emportant sur son passage pierres, rochers, branchages…

Certaines pensées passent complètement inaperçues, cantonnées à une activité subconsciente, tandis que d'autres, plus fortes, percent jusqu'au niveau conscient. Comme les pensées défilent à grande allure, on a l'impression d'être encore plus perturbée qu'avant d'avoir débuté l'entraînement. Cette impression est fausse, car auparavant, il y avait trop d'opacité et d'agitation pour reconnaître ce bouillonnement interne. Maintenant, on reconnaît mieux notre état habituel : après quelque temps de pratique, le peu d'apaisement et de clarté qui s'est développé permet de voir plus clairement *ce qui était déjà présent mais non reconnu.* Aussi ne faut-il pas se décourager, mais continuer l'entraînement.

Règle d'or

Il n'y a qu'un seul conseil à suivre : ne vous intéressez pas à ce que vous pensez ! Et revenez fermement à votre respiration. Une fois, deux fois, cent fois, mille fois pendant votre quart d'heure de méditation.

Sagesse tibétaine

« Dans les instructions anciennes sur la méditation, il est dit qu'au début, les pensées se précipitent les unes après les autres, sans interruption, comme une cascade dévalant la pente escarpée d'une montagne. À mesure que vous progressez dans la pratique de la méditation, les pensées deviennent semblables à un torrent coulant dans une gorge profonde et étroite, puis à un fleuve déroulant lentement ses méandres jusqu'à la mer. Enfin, l'esprit ressemble à un océan calme et serein que trouble seulement de temps à autre une ride, ou une vague. »

Sogyal RINPOCHÉ[8].

Quand vos efforts s'arrêtent…

Quand les efforts s'arrêtent, soudainement la méditation est là. Quand vous êtes vraiment là, c'est seulement en cet instant que l'état méditatif émerge.

8. Lama tibétain de renommée mondiale, il est l'auteur du très célèbre *Livre tibétain de la vie et de la mort* (éditions La Table ronde). Il a fondé un réseau international de centres bouddhistes qui comprend 106 centres répartis dans 23 pays, dont la France.

Quand vous êtes seulement ici et maintenant, sans rien faire de particulier, *cela* arrive.

Quand la méditation fleurit, il n'y a personne pour en prendre note, personne pour la reconnaître, personne pour dire : « Oui, c'est arrivé. » À l'instant où vous dites : « Oui, c'est arrivé », c'est déjà terminé.

Quand la méditation est vraiment là, un silence se répand, sans aucun son, une félicité bat, sans aucune frontière, l'harmonie est là. Mais il n'y a personne pour en prendre note.

Méditer signifie vivre totalement, et vivre totalement n'est possible que dans le silence. Silence ne veut pas dire inconscience.

À un moment, cela est : le silence est là, vous êtes dans le silence. Vous faites partie de lui, vous êtes unie à lui. Vous n'êtes ni isolée ni éloignée du bruit de la vie. Vous êtes en vie.

Témoignage : une spirale qui monte le long de la colonne

« J'ai aujourd'hui 56 ans. Ma première expérience marquante de méditation remonte à mon adolescence. J'étais un lecteur assidu des aventures d'Alexandra David-Neel et de la mythique collection "L'aventure mystérieuse" (J'ai Lu). J'avais entrepris de mettre en pratique les techniques de relaxation et de méditation évoquées.

Je me revois un après-midi, assis en tailleur sur mon lit, le dos droit, les yeux fermés, les mains sur les genoux, paume vers le ciel, pouce et index joints. Mon tourne-disque diffuse une douce musique classique, peut-être du Mozart. Je me sens bien, intériorisé, et mon esprit, vide de

pensées, est de plus en plus réceptif à la musique et à son rythme.
Alors monte en moi l'impression très réelle que quelque chose de subtil, et qui contient ma conscience, se met en mouvement dans une sorte de spirale autour de ma colonne vertébrale. Cette spirale qui s'élève et s'élargit entraîne quelque chose qui est en moi et qui se sépare de mon corps.
Le mouvement s'accélère et j'ai la nette impression d'être deux en une seule personne, mon corps qui ressent son environnement physique fixe, stable, et mon être conscient qui part en vrille à l'extérieur de mon corps de plus en plus vite vers le plafond au-dessus de ma tête.
La peur me saisit, celle d'être en train de mourir, de quitter le corps physique sans être sûr de le réintégrer. C'est brutal, je redeviens une seule personne… Depuis, j'ai l'impression d'avoir peut-être manqué quelque chose d'important.
Il m'a fallu quelques années pour revenir à la pratique de la méditation, guidé par un disciple de Karlfried Graf Dürckheim. Mais si je médite depuis plus de vingt ans dans une posture différente, assis sur un petit banc, je ne recherche pas à reproduire ou revivre ce moment. La méditation m'a fait faire une autre expérience. Celle de la foi. J'ai rencontré en moi une présence vivante, celle du "Tout autre" avec laquelle je partage un "être là" ensemble, dans un dialogue muet et joyeux, comme celui que connaissent les amoureux. Et les amoureux ne montent-ils pas au septième ciel ? »

On récapitule ?

• La respiration influe sur votre psychisme.

• Aucune pensée, aucune émotion, ni positive, ni négative, ne dure. Elles défilent, changent, passent, disparaissent, repassent et disparaissent à nouveau pour laisser la place à d'autres. Ne vous arrêtez pas, respirez, continuez toujours plus loin.

• Commencez par un parcours du corps. Détendez-vous à l'intérieur du corps, de la tête aux pieds, partie par partie, endroit par endroit, sur l'expiration. Allez de l'extérieur de votre corps vers l'intérieur, en guettant vos sensations, en les savourant, en prenant tout votre temps. Vous prenez conscience de la façon dont votre esprit fonctionne. Il n'est jamais au repos. Ce qui compte, ce n'est pas de l'amener au repos, c'est d'être consciente.

• 95 % des pensées sont compulsives, inutiles et répétitives. Il n'y a qu'un seul conseil à suivre : ne vous intéressez pas à ce que vous pensez et revenez fermement à votre respiration. Une fois, deux fois, cent fois, mille fois pendant votre quart d'heure de méditation.

Phase II – Comment sortir de la méditation ?

Pendant la méditation, il y a des jours où ça secoue, car des choses enfouies refont surface, des douleurs physiques ingrates apparaissent ; d'autres jours, au contraire, on voudrait ne pas en revenir tant la paix que l'on y a rencontrée nous lave… Pour celles qui ne sont pas familières de l'assise immobile, cela peut même créer un choc.

Pour toutes ces raisons, et surtout quand on débute, on ne sort pas n'importe comment de la méditation.

Il n'y a pas pour autant de méthode, mais plutôt une pédagogie : en phase d'initiation, il est conseillé de quitter très doucement l'assise. Cela aide à revenir à une énergie normale.
L'état de méditation n'est pas un état de semi-sommeil léthargique. C'est au contraire extrêmement actif. C'est rempli de vie, d'intensité, de présence, c'est un jaillissement continuel.

Quand le signal de la fin retentit…

Tournez la tête à droite puis à gauche lentement, faites le geste de vous laver les mains, bougez vos pieds puis inclinez-vous profondément.

Partager ce que l'on a reçu

Dans certaines écoles bouddhistes, on recommande d'achever la méditation par un moment de *mettâ* (littéralement « amour compatissant »). Demandez pardon dans votre cœur à tous les êtres que vous avez blessés et pardonnez à ceux qui vous ont blessée. Visualisez la respiration comme un lien d'amour qui vous unit à tous les êtres. Souhaitez-leur la cessation de toute forme de souffrance. C'est le moment – quelques minutes à la fin de votre méditation – où vous partagez ce que vous avez reçu.

Les mots du partage

« Puissent les ondes de l'amour se propager
À travers la fontaine de l'esprit,
Puisse chaque fibre du corps émettre ce son :
"Puissent tous les êtres être heureux !" »

Conseil de méditante confirmée

Essayez de prendre quelques minutes pour sortir de la méditation en ne faisant rien, si c'est possible, détendue. Cela permet au stress et aux tensions libérés pendant la méditation de se dissiper doucement. Ainsi, quand vous vous lèverez, vous vous sentirez légère et reposée.
Prenez donc un temps de repos suffisant à la fin, de façon que la transition entre la méditation et l'activité se fasse sans heurts. Vous pouvez même vous allonger un moment si vous le souhaitez. Cela dépend de chacune.

Please, persévérez !

Vous venez de faire votre première expérience. C'est rarement le nirvana. Mais vous avez vu que c'est infiniment plus simple que vous ne le craigniez. Alors maintenant, on ne va pas fléchir. Il faut continuer, se forcer. Je sais, se forcer est un gros mot pour une paresseuse, mais maintenant que nous nous connaissons mieux j'ose être plus directe !

Bien sûr, vous n'aurez pas tous les jours envie de méditer, vous n'aurez pas toujours le temps, vous serez parfois tellement fatiguée… Vous aurez toujours une bonne excuse.

Méditer n'est pas toujours agréable, mais c'est en acceptant de méditer tout de même que vous en tirerez le plus de profit. Comme lorsque l'on va voir un psy, on finit certaines séances en larmes, mais on crève des abcès, on nettoie des plaies, on lave son cœur. Les coureurs aussi rechignent parfois à aller courir, parce qu'il pleut, parce qu'il fait froid, *parce que*, tout simplement. Ceux qui malgré tout font l'effort de courir quelques kilomètres en tirent au moins une énorme fierté. Les séances suivantes sont bien plus simples, parce qu'ils renforcent aussi leur endurance mentale. La méditation demande parfois des efforts de volonté. Mais espérez-vous vraiment obtenir beaucoup en ne mettant rien dans la pratique ?

Comment établir l'habitude de méditer

En vous efforçant d'être maîtresse de vos décisions. Si vous êtes motivée, vous pouvez méditer partout, à tout moment. Si vous ne pouvez pas faire autrement, même quelques minutes suffiront. Il est important d'établir un contrat moral avec vous-même et de le respecter. Ou, mieux, d'en faire un besoin vital comme de manger ou dormir et de le faire sans y penser.

Si vous faites une entorse, assumez.

C'est une discipline bien stricte en apparence, mais vous en retirerez énormément, soyez-en sûre. Si vous voulez entrer en méditation, il va falloir vous en donner les moyens. Il suffit de le vouloir.

Vous baissez les yeux ? Je sens que vous avez compris, mais que vous êtes effrayée par des concepts comme la régularité, l'immobilité…

On ne devient que ce que l'on décide. Je ne peux rien vous dire de plus sincère !

6

Méditer sur quoi ?

Avec ou sans support ?

On peut méditer en s'appuyant simplement sur sa respiration et sur les sensations de son corps ; on parle alors de méditation sans support ou sans objet. On peut aussi méditer en s'aidant d'un mandala (un cercle qui représente l'absolu, on parle « d'inconscient à ciel ouvert »), d'un mantra (récitation silencieuse, des milliers de fois, d'un nom ou d'une formule sacrée), d'un koan (énonciation d'un paradoxe ou d'une énigme), de mudras (position des mains)… ; on parle alors de méditation avec support ou avec objet.

Le mieux est de tester les deux et de retenir *ce qui vous convient le mieux*. À vous de choisir.

La méditation sans support

L'objet de la méditation sans support (ou sans objet) consiste à être simplement attentive à ce qui nous est donné maintenant.

Il s'agit de demeurer dans la continuité de l'instant présent et de rester consciente et disponible. La méditation sans support est un état de lucidité silencieuse, une vigilance où les constructions mentales sont absentes.

C'est ce qu'il vous est proposé d'expérimenter et de vivre au chapitre précédent. Une méditation *nue*.

Ainsi, tout ce qui se trouve dans l'esprit peut être un sujet d'attention et d'observation. Rester attentive et ne pas participer aux jeux de l'esprit est un moyen de parvenir à une certaine maîtrise mentale.

Cela peut néanmoins prendre des formes légèrement différentes. Voici quelques variations possibles si la méditation telle qu'elle est décrite au chapitre 5 vous paraît un peu sèche dans un premier temps…

Conseil de méditante confirmée

La méditation, c'est d'abord une assise, mais c'est aussi une « orientation ». Si le « vide » et l'immobilité vous inquiètent ou vous intimident, vous pouvez utiliser des « subterfuges » et vous aider avec l'imagination.

Méditer comme un coquelicot

Dans ses *Écrits sur l'hésychasme*, Jean-Yves Leloup[9] propose, une fois n'est pas coutume, de se prendre pour un coquelicot ! Quand vous serez assise en posture, si l'attention sur votre respiration ne vous suffit pas ou vous paraît trop austère, mettez-vous dans la peau d'un coquelicot, tournez-vous

9. D'une formation pluridisciplinaire, ce docteur en philosophie, psychologie et théologie, écrivain, conférencier et prêtre orthodoxe offre à travers ses livres et ses conférences une approche et une réflexion d'une grande richesse sur la spiritualité au quotidien.

intérieurement vers le soleil, tournez-vous du plus profond de vous-même vers la lumière.

Pour bien rester dans son orientation, la fleur doit avoir « la tige droite ». Comme elle, vous devez redresser votre colonne vertébrale.

La fleur enseigne non seulement la droiture de la tige, mais aussi une certaine souplesse sous les souffles du vent et une grande humilité.

L'enseignement du coquelicot est aussi dans sa fugacité, sa fragilité. Vous devez apprendre à fleurir, mais aussi à faner. Il est demandé de fleurir le temps qu'il est donné de fleurir, d'aimer le temps qu'il est donné d'aimer, gratuitement. Vous apprendrez ainsi à méditer « sans but ni profit », pour le plaisir d'être et d'aimer la lumière.

Une fois l'état d'esprit du coquelicot installé en vous, vous êtes prête. Vous pouvez alors tenter de faire silence.

Méditer comme une montagne

Dans la plupart des cultures, la montagne représente l'archétype du sacré. Dans *Au cœur de la tourmente, la pleine conscience*, Jon Kabat-Zinn propose de méditer avec la solidité et la dignité d'une montagne, en se sentant enracinée, massive et immobile dans la posture.

« Les bras sont les flancs pentus de la montagne, la tête le sommet élevé, le corps forme un ensemble majestueux et magnifique, comme tendent à l'être les montagnes. Vous êtes assise immobile,

exactement comme une montagne se trouve là, non altérée par l'alternance du jour et de la nuit, les variations du temps et la succession des saisons.

Quelle que soit la violence des vents qui l'assaillent, la neige et la pluie, le froid ou la chaleur du soleil, une montagne reste immuable. Quelles que soient les pensées et émotions qui vous traversent, vous restez là, présente. Vous éprouvez un sens de confort, de dignité et de confiance. Comme il est bon d'être assise. De se relier à son être propre.

La montagne est toujours ancrée, enracinée dans la terre, toujours tranquille, toujours belle. Elle est belle en étant simplement ce qu'elle est, vue ou pas, couverte de neige ou verdoyante, arrosée par la pluie ou couverte de nuages. »

Une fois l'état d'esprit de la montagne installé en vous, vous êtes prête. Vous pouvez alors tenter de faire silence.

Faire l'expérience du lac

C'est encore une fois Jon Kabat-Zinn qui propose cette méditation.

Imaginez une large étendue d'eau contenue dans la terre. Notez comme l'eau se plaît dans les endroits creux. Elle recherche son niveau et demande à être contenue. Votre lac peut être profond ou non, bleu ou vert, transparent ou rempli de vase. Tel un miroir, il reflète les arbres, les rochers, le ciel et les nuages. Parfois, le vent se lève sur le lac, formant des vagues, petites ou grosses. Quand la nuit tombe, c'est au tour de la lune de danser sur le lac ou, si la surface est calme, de s'y refléter avec les ombres et les silhouettes des arbres. En hiver, sous la surface gelée du lac, la vie continue.

Une fois l'image établie, laissez-vous aller, assise en méditation, à ne faire qu'un avec le lac. Respirez avec lui, moment après moment, ressentant son corps comme le vôtre, acceptez que votre esprit et votre cœur s'ouvrent et reflètent tout ce qui se présente.

Des moments de quiétude absolue, pendant lesquels la réflexion et l'eau sont parfaitement calmes, vont alterner avec des moments où la surface de l'eau est agitée, perturbant les reflets et la clarté du lac pendant un certain temps.

Continuez la méditation en observant le jeu des différentes énergies en vous : les pensées fugaces, les sensations éphémères, les impulsions qui vont et viennent comme les ondes ricochent sur le lac au gré du vent, des vagues ; l'ombre et la lumière. Les couleurs changent. Essayez de vous identifier non seulement avec la surface, mais avec le dessous, avec toute la masse de l'eau. Vous êtes consciente de tout, d'absolument tout.

Méditer avec l'ouïe

Les cinq sens sont de merveilleux outils pour se recentrer. Ainsi, la sollicitation de l'ouïe, de la vue, du toucher, de l'odorat et du goût est au cœur de la pratique de la pleine conscience. Dans un exercice tiré de son dernier livre, *L'Éveil des sens* (aux éditions des Arènes), Jon Kabat-Zinn invite à « juste entendre ». Chez soi, au travail, dans le métro ou à la campagne…

Laissez venir à vous tous les sons, y compris les moins agréables (la non-discrimination fait partie intégrante de l'exercice !), et restez focalisée sur celui qui domine. Des pensées, des souvenirs, des fantasmes peuvent jaillir, en même temps que d'autres sollicitations sensorielles, un contact, un goût, une odeur… Acceptez cette interruption, puis revenez à l'exercice.

Essayez de rester concentrée le plus longtemps possible sur le son, jusqu'à ce que vous viviez ce que Jon Kabat-Zinn appelle « l'expérience pure de l'entendre ». Vous pouvez faire le même exercice avec les autres sens.

Pause littéraire

« Par une journée semblable, en septembre ou en octobre, Walden est le parfait miroir de la forêt, serti de pierres aussi précieuses à mes yeux que si elles étaient moins nombreuses ou plus rares. Peut-être rien d'aussi beau, d'aussi pur et d'aussi grand qu'un lac, ne repose sur la surface de la terre. Eau du ciel. Elle n'a pas besoin de barrières. Les nations vont et viennent sans la souiller. Miroir qu'aucune pierre ne peut briser, dont le vif argent ne s'effacera jamais, dont la nature répare continuellement la dorure. Aucun orage, aucune poussière ne peut ternir sa surface toujours limpide – un miroir dans lequel disparaît toute impureté qui se présente, balayée, époussetée par les rayons du soleil voilé –, léger chiffon que celui-là, qui ne retient aucun souffle mais qui exhale le sien, flottant comme un nuage, pour se refléter encore en son sein. »

Henry James THOREAU,
Walden ou la vie dans les bois, Gallimard.

La méditation avec support

Se concentrer sur l'ici et maintenant n'est pas facile tous les jours ! Se centrer sur un support méditatif peut apporter un vrai soutien. Cela aide à ouvrir bien des portes closes. Pour maintenir l'attention, la plupart des approches préconisent en effet de se concentrer sur quelque chose qui occupe tellement l'esprit que celui-ci ne peut plus penser (temporairement, du moins).

Ainsi, tandis que les mantras, utilisés dans toutes les traditions, conduisent à la dissolution de la pensée, les koans (énonciation d'un paradoxe ou d'une énigme), de la tradition bouddhiste zen, contraignent au contraire la méditante à aller au bout de sa réflexion pour se heurter finalement à un mur. Les Tibétains, quant à eux, méditent devant un mandala, cet « inconscient à ciel ouvert ».
Dans tous les cas, il s'agit de dérouter et de court-circuiter l'intellect. L'esprit est soulagé de son agitation quotidienne.

Méditer avec un mantra

Le murmure, le chuchotement, sont une porte d'entrée vers le silence intérieur. Ainsi, la récitation silencieuse, des milliers de fois, d'un nom ou d'une formule sacrée (mantra) accompagne souvent la méditation. C'est un exercice très puissant qui permet d'apaiser et de purifier la pensée, conduisant au silence du mental et des émotions.

La répétition peut être articulée ou mentale, les lèvres bougeant sans émettre un son. Cela permet de faire taire le bavardage mental.
Le mantra peut être un son, un mot ou même des combinaisons. C'est une formule concentrée, réduite à une extrême densité. Au fur et à mesure que l'on progresse dans la méditation, le murmure cesse de lui-même.

Comment ça marche ?

La répétition inlassable d'un mantra entraîne la saturation d'un certain nombre de circuits neuronaux, puisque ce sont toujours les mêmes qui sont sollicités. Il s'agit de fatiguer et d'endormir l'hémisphère gauche du cerveau. Ainsi, la pensée rationnelle est déconnectée et l'hémisphère droit – pensée poétique, vision, intuition… – retrouve sa pleine expression.

Quel mantra choisir ?

Le choix d'un mantra dépend de sa sensibilité et de la tradition ou de la culture à laquelle on se sent en affinité. Un mantra n'est pas neutre, il porte ce que les hommes ont mis en lui depuis des générations.

« Om » (ou « Aum ») est le mantra le plus employé chez les hindouistes (de même chez les bouddhistes). Cette syllabe, sacrée entre toutes, symbolise l'Absolu et tout ce que l'homme peut concevoir à son sujet. « Om » est toute chose, c'est le grand son primordial, le son originel à partir duquel se créa l'univers, le son de tous les sons réunis. C'est une manière de sanctifier la vie quotidienne.

Il doit être prononcé sur une expiration la plus profonde possible.

Autres mantras fréquents

- *So'ham* (« Je suis Lui ») ou encore *Tat tvam asi* (« Tu es Cela »).
- Le *Kyrie Eleison* (« Seigneur, aie pitié de moi »).
- La prière de Jésus (« Seigneur Jésus-Christ, fils de Dieu, aie pitié de moi pécheur »).
- *Maranatha* (« Seigneur, viens », en araméen), le mantra préconisé par la Communauté mondiale de méditation chrétienne.
- Le *Allah 'akbar* (« Dieu est grand ») arabe.
- Le *Namu Amida Butsu* (« hommage à Bouddha ») du bouddhisme amidiste japonais.
- Le *Haré Krishna* (censé, en principe, être récité 1 728 fois par jour).

Ce peut être tout mot ou toute phrase courte qui vous inspire et vous touche.

On peut le prononcer à voix haute ou l'intérioriser. Si vous êtes fatiguée ou agitée, il est recommandé de le dire à voix haute, puis de continuer en faisant bouger les lèvres, comme pour mâcher le mantra en silence.

Méditer avec un mantra est particulièrement utile les jours où vous sentez que votre esprit est indiscipliné.

Méditer avec un *koan*

Le *koan* (littéralement « au-delà de la pensée, du concevable ») est une aide à la pratique du zazen, mais ce n'est pas un véritable objet de méditation.

Son but est de dérouter l'intellect et de saper le processus mental. Le *koan* est souvent une formule déroutante, inattendue et même paradoxale. Il doit résister à l'interprétation intellectuelle. Ainsi, par exemple, « Quel était votre visage avant la naissance de vos parents ? » est une courte formule qui devient un point focal de concentration et qui ébranle la conscience ordinaire de l'homme.

Contrairement au mantra, le *koan* n'a en soi aucune efficacité, mais, en posant un paradoxe, il contraint le pratiquant à aller jusqu'au bout de sa concentration mentale. Ce dernier se trouve déstabilisé – de temps à autre, puis de plus en plus fréquemment, puis de façon plus continue, puis désespérée. L'effort pour résoudre une phrase insoluble est parfois surhumain. Cette rupture permet l'expérience du vide.

Le maître zen de l'école Rinzaï donne des coups de bâton à l'élève qui n'arrive pas à résoudre le *koan*. Il épuise le mental de l'élève en le faisant réfléchir inlassablement dessus. Au contraire, dans l'école zen Soto, le *koan* est juste déposé comme une graine qui se développera naturellement dans l'esprit sans effort.

Douze *koans* à « ruminer »

Au moment où vous lisez le *koan*, il se crée un pont entre votre rationalité et la part de spiritualité qui réside en vous. La légende dit que des disciples ont atteint l'éveil à la simple lecture de certains *koans*.

- L'âne regarde le puits, le puits regarde l'âne. Ne pas s'enfuir.
- J'éteins la lumière. Où va-t-elle ?
- L'homme regarde le miroir, le miroir regarde l'homme.
- L'arbre qui tombe dans la forêt fait-il du bruit si personne ne l'entend ?
- Pour savoir si l'eau d'un bol est chaude ou froide, il faut y mettre le doigt. Il ne sert à rien de discuter.
- L'heure me regarde et je regarde l'heure.
- Suis-je de mon avis ?
- Quand la neige fond, où va le blanc ?
- Quel était votre visage avant la naissance de vos parents ?
- Les deux mains frappées l'une contre l'autre forment un son. Mais quel est le son d'une main ?
- Non anxieux ici, non anxieux toute la vie.
- Maison pauvre, voie riche.

Méditer avec les *mudrâs*

La position des mains (*mudrâs*) est également considérée comme importante dans certaines écoles. Les yogis en distinguent plus de cinquante.

Les *mudrâs* sont des gestes symboliques de la main qui sont comparables dans leur rôle à l'agenouillement et au croisement des mains des chrétiens en signe de prière.
Ils ont pour but de stabiliser le mental et de faire circuler l'énergie.
Ainsi, en débloquant des énergies lovées et accumulées, on accède à des parties plus subtiles de l'être.

Comment ça marche ?

Les *mudrâs* permettent à la force de circuler en nous plutôt que de stagner ou de s'échapper. Ainsi, le bout des doigts est le point de fuite de beaucoup d'énergie et, en utilisant les *mudrâs*, vous pouvez permettre à cette dernière de vous traverser en totalité, d'irriguer des parties de votre être qui en sont souvent démunies.
En mettant vos doigts en contact, vous créez des circuits qui vont permettre aux organes reliés à chaque doigt de recevoir eux aussi votre énergie vitale. Ainsi, vous harmonisez votre être.
La circulation de l'énergie va aussi vous permettre de vous libérer de certains blocages causés par une accumulation énergétique en certains points. Ainsi, vous pourrez plus facilement vous concentrer ou atteindre des passages que l'énergie lovée bloquait. Les *mudrâs* permettent alors de la déplacer sans la gâcher, sans la perdre, ni la consommer.

Le *mudrâ* classique de la méditation

Pour les hindouistes, le *mudrâ* de la méditation est le Dhyâni-Mudrâ. C'est le *mudrâ* d'ouverture. Les mains sont en position de creuset, posées dans le giron. Le dos de la main droite repose sur la paume de l'autre main, de sorte que l'extrémité des pouces se touche légèrement. La main droite, posée par-dessus, symbolise l'état d'Illumination et la main gauche le monde phénoménal. Ce geste exprime la victoire de l'Illumination sur le monde des apparences.

Méditer avec un mandala

Étymologiquement, en sanskrit, le mandala est un cercle, à la fois « centre et périphérie ». Symboliquement, ce pourrait être une cible censée représenter l'Absolu.

Le mandala absorbe et fascine instantanément. En apaisant le regard, il apaise la conscience. Grâce au mandala, que l'on peut considérer comme un miroir, un œil, le vôtre, on se regarde. Votre mental, après avoir été calmé et rendu réceptif par le visuel hypnotique, est baigné dans le vide conceptuel. La méditation sur un mandala n'a d'autre but que de permettre à votre mandala intérieur de se révéler.

Comment méditer sur un mandala, une image ou un objet ?

Il s'agit de fixer son attention sur quelque chose et ne pas en décrocher, vous devez en fixer la forme, la matière, etc., mais il ne doit y avoir aucune pensée parasite. Attention, vous ne devez pas penser à la chose observée, vous devez seulement fixer votre attention sur elle, faire un avec elle.

Conseil de méditante confirmée

Il existe quantité de livres dans lesquels vous pourrez trouver des mandalas. Je vous en conseille un sublime : *Mandalas. Retrouver l'unité du monde,* d'après Fabrice Midal, aux éditions du Seuil. Les éditions Trédaniel en ont également publié de très beaux.

7

Comment affronter les obstacles de la méditation ?

Méditer est un acte courageux

On y croise des obstacles, régulièrement, du premier au dernier jour. Des expériences chargées d'affectivité, des désirs ou des craintes primitives peuvent surgir des profondeurs de l'inconscient.

Mais ces « tempêtes », que l'on imagine parfois fatales, se révéleront bien souvent la précieuse matière première de la progression : c'est le face-à-face qui est libérateur.

L'obstacle numéro 1, comme on l'a vu, c'est de désirer avoir tel type de pensées ou ressentir tel type de sensations et d'en rejeter d'autres. Tant que nous n'avons pas pris conscience de cela, nous alimentons ce processus de désir/aversion et donc nous le renforçons.

Ce chapitre traite concrètement des problèmes que vous rencontrerez un jour ou l'autre en méditant. Ainsi, la douleur physique et le silence mental peuvent être péniblement ressentis.

De même, si la paresse, la somnolence, l'agitation physique et mentale, l'ennui et la sécheresse, sont les obstacles quotidiens de la méditation, ce sont aussi les matériaux privilégiés que l'on va patiemment travailler, dépasser, transformer.

Au début, nous nous laissons entraîner par ces « ennemis » apparents de la méditation, mais, peu à peu, nous les reconnaîtrons. Avec notre nouvelle vigilance et une conscience qui va s'élargir, nous nous souviendrons que nous sommes en train de méditer et que nous nous égarons. Nous reviendrons simplement à notre respiration. Tout le reste vient de l'imagination et de l'ego qui surjouent les désagréments ressentis pour nous faire croire que ce sont des montagnes !

Heureusement, tout ce qui surgit à l'intérieur de notre mental et de notre corps prend fin un jour. Le souffle va et vient, les pensées surgissent et s'évanouissent, tout comme les sensations. C'est le reflet du changement permanent de la nature.
Le simple fait d'essayer encore et encore, de constamment revenir à notre objet d'attention et de reconnaître ce qui se passe dans notre mental permet de développer patience, ténacité et énergie.

Tout conspire contre la méditation

Le philosophe Nicolas Malebranche nous remet à notre place lorsqu'il nous rappelle que le bourdonnement d'une simple mouche suffit le plus souvent à interrompre les réflexions les plus élevées et à perturber les chercheurs de vérité… Eh oui, nous sommes bien peu de chose… Sans compter nos désirs et nos habitudes qui exercent leur tyrannie pour être satisfaits. Cela est d'autant plus vrai pendant la méditation, car notre « petit moi » se sent alors, à raison, menacé.

Mais si l'on prête attention à la banalité du flot de nos pensées en méditation, notre moi a gagné la partie. Et c'est alors la « panne » de méditation. Diverses urgences et prétextes surgissent aussitôt ! Ils peuvent être équivoques : ainsi, lire des textes philosophiques ou de sagesse paraîtra plus agréable car extérieur à soi. Une heure de lecture, même si elle est spirituelle, ne remplace pas un quart d'heure de méditation ! Mettez-vous ça dans la tête sans tarder !

Enfin, même après des mois et des années, il arrive encore parfois que l'on se demande si tout cela est bien utile. Lorsqu'une résistance apparaît, il n'y a pas trente-six solutions : il faut maintenir le cap.

Mais aussi, et surtout, acquérir un état d'esprit équanime (c'est-à-dire dont l'humeur reste égale) et ce précieux bâton de pèlerin : *quoi qu'il arrive, c'est à vivre.*

Parole de sage

« J'ai jeté cette toute petite chose
Que l'on appelle "Moi"
Et je suis devenu le monde immense. »

Sosëki, moine bouddhiste zen.

Que faire si… ?

Commençons par LA question : que faire de mes pensées ?

Nous passons notre vie à croire, à imaginer, à faire des spéculations, bref, à complexifier le réel, par nos pensées. Pourquoi faire simple quand on peut faire compliqué ? L'incapacité à s'arrêter de penser est une épouvantable affliction puisque, contrairement à ce qu'en disait Descartes, penser empêche d'être. Que faire de tout ce fardeau quand on médite ? Je vais un peu vous répéter ce que je vous ai déjà dit. Mais n'est-ce pas le b.a.-ba de la pédagogie ? Ne me faites pas dire que les paresseuses ne comprennent pas du premier coup ! Simplement, cette question est centrale et il me paraît important de l'épuiser.

Les pensées dans le cerveau se succèdent obstinément, certaines sont pertinentes, d'autres creuses et usantes (une majorité écrasante). Le trafic est permanent. Le mental est capable de transformer n'importe quoi en bavardage. Dans un tel état, continuez. Ça devient même particulièrement intéressant de méditer.

Méditer, c'est tendre vers un état sans langage, silencieux. On aimerait que l'esprit s'apaise et c'est généralement le contraire qui semble se produire : assise en posture, on a l'impression que le nombre de pensées augmente. En réalité, le flot des pensées n'augmente pas vraiment ; c'est plutôt que l'on en devient plus consciente.

Ce flux de pensées sur lequel on n'a aucun contrôle est une expérience qui irrite, déçoit et décourage de nombreuses personnes. Or, ce n'est pas du tout un problème, mais le signe que vous entrez véritablement dans la pratique. C'est uniquement parce que votre mental est plus calme que vous voyez mieux les pensées.

Laissez donc passer vos pensées comme des nuages ou comme un train en rase campagne, en restant attentive à votre posture et votre respiration. Revenez à la réalité du moment présent.

Curieusement, pour discipliner notre mental, il faut le laisser faire… tout en l'observant. On devient ainsi non plus acteur, mais spectateur de son univers mental. Tout se joue là. Cette mise à distance nous fait lâcher nos conditionnements.

Ne pensez plus au bien ni au mal. Ne haïssez pas les pensées qui surviennent, ne les aimez pas non plus et, surtout, ne les entretenez pas. Vos pensées, vos émotions, vos illusions, se briseront sur la posture.

Conte de sagesse bouddhiste

Un ascète était assis en zazen dans une grotte. Mais le vent s'engouffrait et fouettait l'homme, qui ne parvenait pas à se concentrer. Alors il alla près du lac. Bientôt, les poissons qui sautaient en l'éclaboussant vinrent troubler sa méditation, alors l'ascète se déplaça encore. Plus, il était assis sous un arbre, mais le bruit des poissons qui sautaient le perturbait.

Il les tua et les mangea, puis il reprit le zazen. Mais le chant des oiseaux le sortit brusquement de sa méditation. Il les tua et les mangea. Assis, enfin seul, l'ascète ne pouvait plus méditer, torturé par son indigestion.

Une règle d'or : ne pas dialoguer avec ses pensées

« Que chacun examine ses pensées, il les trouvera toutes occupées au passé et à l'avenir. » Preuve, pour Pascal, que *« nous ne vivons jamais, mais nous espérons de vivre. »*

Que faire concrètement si le bavardage du mental semble vouloir faire la loi aujourd'hui ?

Dès que l'on part dans ses pensées, on perd la conscience de sa respiration. Dès que vous reprenez conscience de votre respiration, vous revenez à la conscience tout court et cela apaise votre mental.

Revenir à la respiration ou, et c'est encore plus efficace, au parcours du corps, sont deux clés pour faire cesser le brouhaha incessant du mental.

Réaliser combien on vit de façon automatique

Scruter ses pensées, les regarder aller et venir, voir ce qui nous obsède, ce qui revient sans cesse, est un véritable enseignement. La plupart du temps, notre expérience n'a pas cette qualité d'attention ou de prise de conscience. La plupart du temps, nous sommes comme des robots, passant automatiquement au travers de nos modes d'être habituels

– notre colère, notre apitoiement sur nous-mêmes, nos peurs… Nous vivons sous le contrôle de ces tendances habituelles, qui gouvernent notre vie, sans que nous puissions prendre du recul et décider si c'est vraiment ce que nous voudrions faire, être. Ce peut être un grand choc que réaliser combien nos pensées mènent la danse, combien notre vie est automatique. Mais il est salutaire.

Petit exercice : se libérer du mental avec Eckart Tollé

« Aussi souvent que possible, prêtez attention aux schémas de pensée répétitifs, à ces vieux disques qui jouent et re-jouent les mêmes chansons peut-être depuis des années. Observez le penseur en vous. Écoutez cette voix dans votre tête, soyez la présence qui joue le rôle de témoin.

Lorsque vous écoutez cette voix, faites-le objectivement, sans juger. Vous prendrez bientôt conscience qu'il y a la voix et qu'il y a quelqu'un qui l'écoute et qui l'observe.

Cette prise de conscience que quelqu'un surveille n'est pas une pensée. Cette réalisation trouve son origine au-delà du "mental". »

D'après *Mettre en pratique le pouvoir du moment présent*, aux éditions Ariane/J'ai Lu.

Que faire si l'environnement de la méditation est bruyant ?

Le bruit est là. Votre voisine du dessus marche avec ses nouveaux talons. Votre ventre gargouille en faisant un bruit épouvantable. Il y a un automobiliste de mauvaise humeur qui klaxonne comme un furieux.

Il n'y a pas de raison valable pour ne pas méditer, même à côté d'un marteau-piqueur. Recherchez le maximum de silence. Puis faites avec ce qu'il y a.
Méditer, c'est se poser dans le milieu comme il se présente : dans ce bruit qui m'environne, je pose un espace de silence qui est moi.

Que faire si j'ai des sensations douloureuses ?

L'idéal est d'intégrer la sensation douloureuse à la méditation comme une pensée qui traverserait votre esprit de façon plus ou moins fugitive. On prend conscience de la douleur, on la regarde dans les yeux et on lâche prise en retournant notre attention sur notre souffle. Et l'on se souvient encore et toujours que, rien n'étant permanent, la douleur naît, grandit puis change d'intensité.
Dites « oui » à la sensation. N'entrez pas en rapport de force avec votre corps. Écoutez votre douleur avec bienveillance, elle a quelque chose à vous dire. Prenez le temps de compagnonner avec elle.
Cela étant posé, vous n'allez pas « tenir » à en pleurer si vous avez une crampe très douloureuse. Aujourd'hui, c'est comme ça. Demain, ça sera autrement. Si vous avez besoin de vous lever, faites-le. Puis reprenez la posture quand la douleur s'est estompée. Simplement, sans vous juger.

Que faire si je suis agitée pendant la méditation ?

Ce n'est pas parce que l'on a choisi un lieu de méditation calme que tout va se passer pour le mieux ! Même les lieux privilégiés offrent des distractions : un chant d'oiseau, la cloche d'une église, un parfum… et aussitôt votre concentration bat de l'aile, votre méditation est perturbée.

Mais attention ! Ne confondez pas les influences extérieures et l'agitation de votre mental, qui prend tous les prétextes pour fuir le silence et saute d'un sujet à l'autre. La distraction vient en réalité de l'instabilité de l'esprit. Dans ces conditions, que faire ? Rien. Constater la situation, ne pas la rejeter, ne pas la commenter.

Le bruit qui dérange, comme la pensée qui vient, n'a pas d'influence si on ne s'arrête pas sur lui, si on n'y fait pas attention, si on ne dialogue pas avec.

Quoi qu'il arrive, tout est bien. Vous n'avez pas de concours à passer ni d'objectif à atteindre. Être là. Juste être là. Sentir.

Que faire si j'ai sommeil ?

Observer votre envie de dormir sans dormir !

Petits trucs quand on sent qu'on s'assoupit tout de même

- Concentrez-vous sur un point situé à la racine du nez et des sourcils.
- Et, surtout, concentrez-vous sur le *hara*, à 4 cm en dessous du nombril. (Pour rappel, le ventre, centre du corps humain dans les traditions chinoises, appelé en japonais *hara*, et la source principale du souffle vital dans ces traditions.)

Du calme les émotions !

La méditation est un rendez-vous dont les émotions raffolent ! Elles viennent nous rendre une petite visite et se manifester en nous. Il ne faut pas s'en méfier ni les considérer comme des ennemies qui viennent nous écraser, bien au contraire.
L'émotion nous informe sur nos besoins. Il faut l'accueillir comme une parole qui a quelque chose à dire.

Les bouddhistes comparent les émotions au feu et à l'eau. Un début d'incendie ou une fuite d'eau peuvent être rapidement maîtrisés si vous vous y prenez suffisamment tôt. Dès qu'une émotion monte en vous, vous la regardez dans les yeux, vous la ressentez, éventuellement vous l'étiquetez « colère », « jalousie »… et, en revenant doucement à la juste posture, soit vous la laissez repartir, soit vous l'acceptez… J'ai le choix de dire oui ou non à la colère, à la jalousie…
Ressentir l'émotion jusque dans son corps est capital, car vous ne niez pas l'émotion qui vous traverse et vous regardez comment elle perturbe votre corps (remonter les épaules, serrer les fesses, serrer les dents…). La nier, c'est, à terme, la renforcer.
Les émotions négatives non digérées restent en effet sur l'estomac. C'est en mettant tout ce qui nous dérange sous un tapis que les choses s'enveniment. Ça tombe bien : la méditation soulève un à un tous les tapis !
Faites de même avec les émotions positives. On ne médite pas pour ressentir du plaisir mais pour observer ce qui est.

Quelques émotions négatives

Désœuvrement, colère, frustration, ressentiment, haine, peur, inquiétude, épuisement, dégoût, impatience, rage, tristesse, envie, désorientation, abandon, découragement, jalousie, ennui, amertume, mécontentement, exaspération, culpabilité, honte, mépris, rancune, trac, angoisse, anxiété, embarras, déception, regret, révolte…

Que faire si j'arrive en colère (ou triste) à la méditation ?

Nous savons, à un certain niveau, que nous sommes en colère, mais, la plupart du temps, nous ne réalisons probablement pas que nous pouvons faire le choix de ne pas l'être ! En réalité, nous laissons nos pensées de robot et nos habitudes nous dominer.

La colère est une émotion primaire, au même titre que la peur ou la joie. L'expression « être hors de soi » est tout à fait significative. Si vous êtes « hors de vous », vous ne pourrez pas vous concentrer sur votre ressenti car vous n'habitez plus votre corps, c'est la colère qui l'habite.

Quand la colère me traverse, je l'accueille, je l'admets. Je l'observe en moi : mes mâchoires sont tendues, j'ai des palpitations, mon souffle est court…

Être dans l'instant présent est simplement une autre façon de dire que nous sommes conscientes de ce qui se passe dans notre expérience, que nous ne sommes pas simplement en colère (ou autre), mais que nous sommes conscientes d'être en colère et d'avoir le choix de ne pas l'être.

Et pratiquement ?

Les émotions font stagner l'énergie en haut du corps.

Avant de vous asseoir, faites en sorte que la circulation d'énergie se refasse bien. La meilleure chose à faire, ce sont des exercices d'expiration. Prenez une grande respiration profonde et, lentement, comptez jusqu'à dix tandis que vous expirez. Répétez ce processus à trois reprises. Cette méthode aidera à réguler votre rythme cardiaque, à réduire votre niveau de stress et surtout à diffuser votre colère !

Lâchez bien vos épaules. Courbez-vous en deux, en faisant tomber le haut du corps, lâchez bien les bras. Essayez tout ce qui aide à détendre le haut du corps.

Vous pouvez aussi vous asseoir en colère ! C'est un désir de l'ego de vouloir être confortable pour faire une « bonne » méditation. Cela n'a rien à voir avec la méditation.

Exercice de sophrologie pour évacuer la colère

Dans *Réconcilier l'âme et le corps* (chez Albin Michel), Michèle Freud propose quarante exercices faciles de sophrologie. Elle n'a pas oublié la colère, cette tension physique et émotionnelle qui demande à être déchargée. Si vous ne vous sentez pas encore capable de vous asseoir et d'observer votre colère (c'est pourtant la meilleure des méthodes, car la plus profonde), vous pouvez essayer sa technique pour vous apaiser. L'exercice se décompose en quatre phases :

- Debout, tracez mentalement un cercle devant vous et imaginez que vous placez symboliquement votre irritation à l'intérieur de ce périmètre.

- Inspirez par le nez en même temps que vous adoptez la position d'un tireur à l'arc, un bras tendu à l'avant avec le poing fermé, l'autre bras plié et tiré vers l'arrière.
- Bloquez l'air un instant, puis expirez par la bouche tout en projetant vers l'avant le bras qui était plié, comme pour frapper la cible et vous libérer de votre colère.
- Effectuez cet exercice trois fois avec le bras droit, trois fois avec le bras gauche.

Conte de sagesse universel

Deux hommes qui se disputent décident de demander l'avis d'un vieux sage. Le premier explique son point de vue et le sage dit : « C'est vrai, tu as raison. » Le second, furieux, dit au sage qu'il ne peut affirmer qui a raison sans entendre les deux. Il lui donne son point de vue, ce à quoi le sage répond : « C'est vrai, tu as aussi raison. »

Tous les deux furieux, ils s'exclament :

« C'est impossible que l'on ait raison ensemble !

– C'est vrai, vous avez raison », répond le vieux sage, avant de s'éloigner d'un pas tranquille.

Que faire si la tristesse apparaît ?

Ce n'est pas *ma* tristesse, mais *la* tristesse qui apparaît. Elle a un début, elle a une fin, elle est éphémère. Je la vois, je l'accueille, je la lâche (quand elle ne me colle pas !).

Des larmes coulent ? Laissez-vous pleurer dans l'immobilité. Les larmes libèrent et lavent le psychisme. Ne pleurez pas de façon saccadée. Observez vos larmes, ça pleure, ce n'est pas vous. Il y a des larmes qui montent en moi, je les laisse couler.

Parole de sage

« Quelle importance cela a-t-il de savoir pourquoi ces larmes coulent ? La pratique, c'est "acceptez" que vous sachiez pourquoi ou pas. Vous n'avez pas à comprendre pourquoi les choses sont comme elles sont, d'où cela peut bien venir. Si cela se révèle, très bien, et si cela ne se révèle pas, peu importe, ça ne change rien à l'acceptation. Le mental veut toujours chercher, découvrir, trouver des raisons, il veut du rationnel, du linéaire, mais la voie n'est pas tout le temps rationnelle ou linéaire. Le centre de la pratique, c'est l'acceptation. "Ce qui est" n'a pas de définition, c'est simplement ce qui est. »

Lee Lozowick,
Oui, et alors ?, éditions La Table ronde.

N'ayez plus peur !

Quand la vie blesse, quand on est submergée par une émotion, la voie ne consiste pas à se réfugier dans un abri douillet de paix. Elle ne consiste pas non plus à ne plus rien ressentir. Elle consiste à assumer les épreuves. À reconnaître que sans ombre, il n'y a de lumière qu'artificielle ! N'ayez plus peur de vos émotions et de la vie. Voilà la paix véritable ! Voilà la leçon de la méditation.

Que faire si j'ai des choses (plus) urgentes à faire que méditer ?

Tout d'abord, une prise de conscience est nécessaire : il existe une distinction entre l'urgence réelle et l'urgence virtuelle. L'urgence réelle est rare et on n'a normalement aucun doute. L'urgence virtuelle est celle où l'on a l'impression d'être « obligé » ou de « devoir » faire une chose « tout de suite ». Ainsi, vous souhaitez finir au plus vite cette méditation car des choses urgentes vous attendent. Vérifiez que votre dos est bien droit. Redressez-vous. Notez à quel point vous vous sentez mieux en prenant simplement conscience de votre posture.

Lorsque l'on est préoccupée ou dans l'urgence, il est plus facile de remonter la pente en se demandant ce qui est vraiment urgent. Pour le savoir, la tâche la plus difficile est de le « ressentir ». C'est ce que vous ferez lorsque vous resterez assise. Au lieu de foncer tête baissée sans réfléchir, vous allez prendre conscience de votre envie d'en terminer tout de suite. Après quelques minutes passées à écouter votre respiration, les choses semblent se réorganiser d'elles-mêmes. Elles paraissent plus simples et faciles. Votre stress et votre hâte n'étaient pas causés par des facteurs extérieurs mais uniquement par votre propre perception.

Question perverse : et si j'étais en train de perdre mon temps ?

Comment pourriez-vous perdre votre temps ? Vous ne le possédez pas, vous ne pouvez perdre que ce qui vous appartient. Vous ne le détenez pas. Il passe inexorablement, que vous méditiez ou non. Vous ne pouvez ni le conserver, ni le dilapider. Le meilleur usage que vous puissiez faire de votre temps est de cultiver ces petits espaces de sérénité, de paix intérieure. Vous saurez un jour qu'ils sont votre seul bien réel. Tout le reste est impermanent : argent, prestige, respectabilité, connaissances.

Témoignage : entrer dans un temps effroyablement long

« Entre un travail qui me met souvent sous tension, une mère qui perd la tête, ma femme et nos trois enfants, j'ai l'impression que le temps file tout le temps entre mes doigts comme du sable. Le week-end est à peine commencé qu'il est déjà fini. Je ne parle même pas des soirées ! Quand on médite, la perception du temps s'enfle complètement. Au début, je déteste cette sensation. Le temps me paraît effroyablement long. Mais c'est comme si je vivais toujours en accéléré et que, tout d'un coup, je reprenais une vitesse normale. Je sens enfin le temps qui passe ! Ce temps qui me manque tellement. Et je me demande comment je peux faire pour vivre en accéléré. Ça remet les choses à leur place, ça me remet au centre, dans quelque chose de juste. »

Jean-François.

SECONDE PARTIE

Prolonger l'assise dans la vie quotidienne

« Par sa manière d'être, l'homme transforme la pièce dans laquelle il se trouve en porcherie ou en temple. »

Karlfried Graf DÜRCKHEIM[10].

10. Cité *in La Sagesse exercée*, Jacques Castermane, éditions La Table ronde.

Notre vie est trop compartimentée

La pratique de la méditation assise et les moments où nous ne pratiquons pas sont deux périodes que nous considérons à tort comme très différentes l'une de l'autre. « *Quand nous sommes assis, nous pratiquons intensivement, et quand nous ne sommes pas assis, nous ne pratiquons pas intensivement. […] Si vous méditez assis une heure par jour, cette heure doit durer vingt-quatre heures entières, pas seulement une heure* », constate le maître vietnamien Thich Naht Hahn.

Pourquoi cloisonner notre journée en différentes catégories ? Pourquoi dissocier la pratique méditative du quotidien ? Comment faire en sorte de prolonger notre temps de méditation dans le reste de la journée ? Si la pratique de la méditation est l'expérience de ce qui est là, tout simplement, pourquoi ne pas essayer de vivre en *état* de méditation, dans une relation juste à l'instant ?

Croire que l'on ne peut « bien méditer » qu'en posture assise est faux. La méditation est aussi une attitude intérieure. Il ne faut pas opposer le recueillement assis, qui paraît hors du monde, aux activités de la vie ordinaire : il faut essayer de poursuivre cette présence à soi et au monde dans les moindres détails de l'existence quotidienne.

Ainsi, lorsque vous quittez l'assise, toute votre vie devient lieu de pratique : chacun de vos gestes, chacune de vos rencontres, tout doit devenir conscient. C'est l'affaire de chaque heure, de chaque minute de votre vie quotidienne.

Il n'y a rien qui ne soit méditation dans la vie !

Vivre ici et maintenant, de plus en plus souvent

Au début, la méditation est un moyen de se « couper » de l'extérieur pour se retrouver. Ce n'est qu'un stade à franchir. La pratique régulière et suivie de la méditation vous permet peu à peu de vous retrouver de plus en plus facilement, de plus en plus souvent en état de « ici et maintenant », que ce soit au moment de laver la vaisselle, de manger, de vous occuper des enfants, de participer à une réunion… La méditation devient alors une façon de vivre, un art de vivre.

Parole de sage

« La méditation n'est pas isolée de la vie. Quand vous êtes au volant, ou dans un autobus, quand vous bavardez sans but particulier, quand vous marchez seul dans un bois ou quand vous regardez un papillon porté par le vent – prêter à toutes ces choses une attention sans choix fait partie de la méditation. »

KRISHNAMURTI,
Le Livre de la méditation et de la vie, éditions Stock.

1

Comment devenir conscient dans chaque geste quotidien ?

Faire une seule chose à la fois

Nous devenons conscientes dans chaque geste exactement de la même façon que dans la méditation : en faisant une seule chose à la fois. Qu'il s'agisse de jardiner, de peindre, de jouer d'un instrument, de marcher en silence, de courir en s'intériorisant dans le souffle ou de méditer, de nombreuses activités permettent de nous recentrer sur une seule chose à la fois.

Même des petites choses comme prendre sa douche, se laver les dents ou faire la vaisselle peuvent être des occasions de se concentrer sur l'instant.

Au lieu de les « faire » machinalement, en pensant à autre chose, il est intéressant d'y « être » présentes, totalement. À la fois dans son corps, dans ses sensations, dans l'action, aussi minime soit-elle.

Si vous essayez d'être unifiée et entière dans ce que vous faites, cela bouleversera complètement votre vie. Le stress vient souvent du fait que l'on entreprend plusieurs actions en même temps : faire la vaisselle tout en pensant à lancer une machine, mettre sa crème de jour en ouvrant son courrier. On veut trop souvent se débarrasser de ce que l'on est en train de faire.

Or, chaque instant peut devenir un instant de pratique. La rue, le métro, le marché, l'aéroport, la cuisine, tout est pratique. Habitez l'instant présent pleinement, en vous concentrant tranquillement sur ce qui se présente sans chercher à le contrôler.

Si vous êtes concentrée sur ce que vous faites dans l'instant, il n'y a plus de place dans votre tête pour vous projeter dans l'instant d'après ou pour essayer de retenir l'instant d'avant. Ni pour vous stresser à cause de l'illusion de manque de temps !

Il nous arrive d'ailleurs de vivre des situations où, tellement prises par ce que nous faisons, nous en perdons la notion du temps. Dans ce cas, peu importe la fatigue et le reste du monde, puisque cette activité nous nourrit en profondeur et, finalement, nous ressource.

À l'inverse, il nous arrive de passer des journées à toucher à tout, sans rien mener à son terme, et de finir ces journées avec un sentiment de frustration.

Finalement, s'engager complètement dans la concentration sur l'instant présent peut résoudre les « impressions » de manque de temps.

La méthode pour faire une seule chose à la fois

Chaque fois que vous commencez une tâche, mettez toute votre attention dans celle-ci avant d'entamer la suivante. Accepter de ne faire qu'une seule chose à la fois permet de mieux se concentrer. Et, surtout, finissez ce que vous commencez. La pratique de la méditation vous sera d'une grande aide. En effet, les études scientifiques le prouvent, le cerveau des personnes qui méditent serait moins perturbé par des stimuli extérieurs, qu'il s'agisse de pensées ou d'émotions.

Exercice pratique

Listez sur une feuille un certain nombre de choses à faire (domaine privé ou professionnel). Ne notez que des choses à faire *ce jour*. Cela va alléger votre liste et rendre la tâche accessible. Ne notez pas les projets qui comportent une échéance.

Choisissez une tâche ou un projet (commencez petit) et prenez deux résolutions :

1. vous y consacrer jusqu'à avoir terminé ;
2. ne vous consacrez à rien d'autre avant d'avoir terminé.

Mobilisez toute votre attention sur la tâche actuelle, accomplissez-la complètement et n'ayez plus à y revenir. À chaque pas, laissez le passé en arrière et le futur en avant, en ne vous concentrant que sur le présent… Concentrez-vous sur des petits pas, faciles à réaliser, en y mettant toute votre attention, au point qu'il n'y ait presque plus de place pour autre chose.

Entrer dans la voie de la pleine conscience

La pleine conscience est une ancienne pratique bouddhiste qui s'applique parfaitement à la vie contemporaine. C'est un art de diriger son attention de trois manières simultanément :

de façon intentionnelle, dans l'instant présent et sans porter de jugement.

• **Intentionnelle**, car c'est un exercice qui demande de la concentration ; vous êtes active, vous ne vous laissez pas aller à la rêverie.

• **Dans l'instant présent**, c'est-à-dire que vous essayez d'être ouverte à ce qui vient, instant après instant, sans chercher à fuir ce qui est désagréable, ni essayer de vous accrocher, coûte que coûte, à ce qui est plaisant.

• **Sans jugement**, car lorsque vous méditez, mais également en marchant, au volant de votre voiture ou en lançant une machine, vous restez réceptive et curieuse, en prenant soin de freiner votre réflexe à émettre des jugements tels que j'aime/je déteste ou je trouve beau/laid, bon/mauvais, agréable/pénible.

Parole de sage

« Vivre en pleine conscience, c'est vivre le moment présent. Tout simplement ! [...] On saute du lit le matin en pensant à tout ce qui nous attend dans les prochaines heures et on rentre le soir avec tout ce qu'il y a eu de bon et de moins bon dans la journée. [...] Comment pouvons-nous réellement voir la tendre beauté d'une fleur si notre esprit vagabonde entre l'hier et le plus tard ? Comment pouvons-nous être fascinés par la radiante beauté d'un coucher de soleil si nous l'observons distraitement en pensant aux plaisirs à venir du souper qui mijote ? [...] Vivre le moment présent... Nous sommes ici et maintenant... Nous en sommes conscients et le seul moment à vivre est cet instant présent. Unique et merveilleux moment... C'est le seul

moment qui soit réel. Calme, Sourire, Instant présent, Moment unique. »

Thich Nhat Hanh.

Qui est le célèbre Thich Nhat Hahn ?

Connu pendant des années des seuls méditants, le nom du moine bouddhiste Thich Nhat Hahn est aujourd'hui parvenu à la connaissance du grand public grâce au succès spectaculaire de ses livres.

Mondialement reconnu pour son engagement en faveur de la paix au Vietnam, il s'est vu interdire le retour dans son pays d'origine et vit depuis vingt-cinq ans en France, où il a fondé, en 1982, le Village des Pruniers, centre de pratique international. Le nom du lieu vient de la plantation de 1 250 pruniers (plus de la moitié ont été offerts par des enfants) dont la production (six tonnes) est vendue au bénéfice des enfants victimes de la faim dans le monde. Avec deux implantations en Europe seulement (Dordogne et Île-de-France), l'école de l'Inter-Être reçoit chaque année des foules de plus en plus nombreuses.

Dix phrases clés pour vivre en pleine conscience

Une chose à la fois tu feras.
Une chose à la fois tu feras.
Une chose à la fois tu feras.
Une chose à la fois tu feras.
Une chose à la fois tu feras.
Une chose à la fois tu feras.
Une chose à la fois tu feras.
Une chose à la fois tu feras.
Une chose à la fois tu feras.
Une chose à la fois tu feras.

2

Pratiquer tous les jours

Quand pratiquer la pleine conscience ?

Comment pratiquer toute la semaine ? Du lundi au dimanche, vous rencontrez tour à tour des moments agréables, d'autres moins, des activités fatigantes, d'autres ressourçantes, les unes sont obligatoires, les autres libres, les unes solitaires, les autres collectives… Comment demeurer en pratique, c'est-à-dire consciente, quoi que vous fassiez ? Comment méditer *dans* la vie et pas en plus de la vie ?

En faisant votre lit, en prenant votre douche, en ouvrant la porte, en décrochant le téléphone, en mettant vos mains sur le volant, en buvant, en mangeant, en montant un escalier, en écoutant un ami, en prenant le train, en fermant les yeux le soir…
À vous de compléter ! Plus vous vous entraînerez à être dans l'instant présent chaque jour, plus vous récolterez de fruits !

Parole de sage

« Nous pouvons comparer notre corps à un autel : il doit être constamment habité. C'est par l'attention portée au va-et-vient du souffle que nous unifions notre corps et notre esprit. Quand on entre dans un temple déserté, on sait tout de suite que ce temple est abandonné. Pas besoin de réfléchir : il n'y a personne à l'intérieur. En observant quelqu'un, en notant comment il s'assoit, marche, parle, on sait tout de suite s'il pratique ou non la pleine conscience. Quelqu'un qui

ne pratique pas est semblable à un temple déserté, il n'y a personne qui l'habite. »

Thich Nhat Hanh,
Le Miracle de la pleine conscience, éditions L'Espace Bleu.

La pratique méditative en marchant

Au temps du Bouddha, les moines et les nonnes pratiquaient la marche lente en faisant leur tournée d'aumônes de nourriture dans les villages. La marche méditative est une technique qui convient mieux à certaines que la posture assise ; par ailleurs, c'est un excellent complément des postures immobiles. C'est une marche sans destination qui n'a pour but que de se connaître soi-même.

Marcher depuis l'intérieur

Si votre corps vous le permet, vous faites un peu de marche tous les jours, ne serait-ce que de la maison à la voiture, de la voiture au bureau ou encore pour faire des courses, aller acheter du pain. C'est donc une excellente façon de faire plus de méditation durant la journée.

Il suffit de prendre conscience que vous êtes en train de marcher. Et de marcher sans vous dépêcher, présente dans chacun de vos pas. Ainsi, tout moment de marche, aussi court soit-il, peut être utilisé comme pratique de méditation, même dans le bruit et l'agitation d'une grande ville. Ne vous laissez pas distraire par la publicité, les panneaux, la vitrine d'un magasin ou par une personne jolie ou étonnante. Regardez droit devant vous. Vous êtes *à l'intérieur*, pas à l'extérieur.

En exerçant régulièrement la marche lente pendant dix à vingt minutes, dans la pleine attention à chaque pas, vous vous donnez la chance de vous sentir « en ordre ». « *Dans les pièces que nous habitons, nous devrions marcher comme si nous étions nous-mêmes un vase précieux. En marchant ainsi, nous retrouvons rapidement un équilibre intérieur, un ordre intérieur. Et c'est cet ordre intérieur qui nous laisse ouvert à notre nature essentielle* », confiait Graf Dürckheim à ses élèves en Forêt-Noire.

Méthode

Être debout

Mettez-vous debout. Restez debout là où vous êtes, prenant conscience de votre poids, de votre poids dans la plante de vos pieds. Prenez conscience de tous les mouvements subtils que vous faites afin de rester droite et en équilibre. Très souvent, nous prenons pour acquis notre capacité à rester debout, mais en réalité, il nous a fallu une à deux années pour l'acquérir. Prenez donc conscience des ajustements constants que vous faites afin de conserver votre équilibre.

Aucune trace de souci dans votre sillage

Commencez à marcher à une allure normale, mais plutôt lente, et d'une façon normale. Vous n'allez pas changer votre façon de marcher ; vous allez seulement en prendre conscience.

Marchez calmement et dignement, pleinement consciente que c'est du pas présent que dépend toute la marche, qu'il est la seule réalité et qu'il doit donc être parfait, de façon que « chaque pas fasse se lever un vent frais ». La marche méditative ne doit laisser, derrière chacun de ses pas, aucune trace de tracas ou de préoccupations.

Le regard n'erre pas mais ne se pose pas

Marchez en ligne droite, le menton rentré, dos et nuque bien droits. Détendez vos yeux, focalisez-les doucement devant vous, en ne regardant rien en particulier, en ne laissant pas votre regard être attrapé par les choses qui passent près de vous.

Un chant intérieur pour marcher

Pendant votre marche méditative, vous pouvez opter pour l'un des chants intérieurs du Village des Pruniers[11], la communauté bouddhiste vietnamienne dirigée par Thich Nhat Hahn. Cela aide à tenir le rythme et la conscience de l'instant présent :

– à l'inspiration : « je suis arrivée » ; à l'expiration : « je suis chez moi » ;

11. Consultez le site http://villagedespruniers.net : de nombreuses retraites ou stages y sont proposés tout au long de l'année.

– à l'inspiration : « je suis ici » ; à l'expiration : « maintenant » ;
– à l'inspiration : « je suis solide » ; à l'expiration : « je suis libre ».
(Faites deux ou trois pas pour chaque inspiration et pour chaque expiration.)

N.B. : en septembre 2012, un rassemblement historique, La Marche Inspirante (http://lamarcheinspirante.fr), a réuni plus de 3 000 personnes autour du Vénérable Thich Nhat Hanh à la Grande Arche de Paris.

Chaque pas est unique

La marche commence en avançant le pied droit, dont le talon touche le sol le premier, puis la plante, puis les doigts de pieds. Soyez bien consciente du contact de vos pieds avec la terre. Marchez comme si vous l'embrassiez. Une importance particulière est accordée à l'appui sur le gros orteil : l'expiration vient à ce moment et renforce la sensation de stabilité. Votre corps se détend à la fin de l'expiration et vous avancez d'un demi-pas sur l'inspiration. Faites successivement passer le poids d'une jambe sur l'autre.

Prenez conscience de toutes les différentes sensations dans vos pieds : non seulement le contact de la plante des pieds, mais aussi le contact des orteils entre eux, la sensation du pied dans la chaussure, celle du tissu de vos chaussettes. Détendez vos pieds autant que vous le pouvez. Prenez conscience de vos chevilles. Remarquez la qualité des sensations dans ces articulations, quand votre pied est sur le sol, quand votre pied est en l'air.

La marche continue ainsi, dans une synchronisation parfaite de la respiration et du mouvement. Choisissez à votre convenance un rythme plus ou moins lent. Et dites-vous une chose à chaque pas : « Je marche depuis l'âge d'un ou deux ans, mais ce pas-là, unique, je ne l'ai jamais fait ! » Faites de chaque pas un moment absolument neuf.[12]

Marcher avec les sens

Sentez l'air sur votre visage. Arrêtez-vous, regardez autour de vous et voyez comme la vie est merveilleuse : les arbres, les nuages blancs, le ciel infini. Écoutez les oiseaux (si vous les entendez !), savourez la brise légère. La vie est tout autour de vous, vous êtes vivante, marchant en paix.

S'arrêter

À la fin, laissez-vous vous arrêter. Faites l'expérience de vous-même ici, debout. Remarquez ce que vous ressentez à n'être plus en mouvement. Remarquez encore l'équilibrage complexe qui se produit pour que vous restiez debout. Ressentez une fois de plus le poids passant de la plante de vos pieds vers le sol.

Témoignage : chorégraphie silencieuse sur les bords de la Marne

« Le dernier dimanche de chaque mois, la communauté vietnamophone des alentours de Paris vient pratiquer une

12. Méditer avec le CD *Méditer en marchant*, éditions Marabout.

journée de pleine conscience à Noisy-le-Grand à la Maison de l'Inspir. Je m'y suis rendue avec trois amies. En milieu de matinée, rendez-vous nous est donné pour une méditation marchée. "Nous allons nous diriger en bordure de la Marne et vous sentirez chaque pas, chaque inspiration, chaque expiration. Vous vous concentrerez simultanément sur ce que vous sentez sous vos pieds. D'abord des graviers, puis du goudron, puis de la terre, puis de l'herbe… Soyez attentifs à chaque pas, à chaque souffle", nous explique Élisabeth, une sœur bouddhiste.
Le silence nous rejoint et nous allons à la rencontre de l'instant, la respiration épousant nos pas. La cordée s'avance lentement, profondément. Les promeneurs du dimanche, à pied ou à vélo, nous regardent, intrigués. Un pas après l'autre, toujours unique. Je suis dans mon pied, je sens. Je regarde les maisons bourgeoises le long du chemin, l'herbe bien tondue, les enfants qui jouent, l'oiseau dans le ciel. Je mets un certain temps à me poser dans le silence, à me reposer dans le rythme, à entrer dans l'instant. D'un coup, j'y suis, d'un coup, c'est simple. Je suis où il faut, ici et maintenant. Tout en moi est ouvert. Nous descendons vers l'eau, je marche, j'inspire, j'expire, j'entends, je vois, je sens. Tout est là, je suis là, je suis dans tout.
La Marne coule paisiblement. Des canards font la sieste dans les nénuphars. Ils lèvent la tête face à notre étrange assemblée silencieuse puis reprennent leur repos dans les reflets vert d'eau. Un enfant passe avec son père : "Regarde papa, un mariage !" Oui, jeune homme, tu es intuitif, quelque chose de sacré se passe…
Nous reprenons notre méditation marchée jusqu'au seuil de la salle du repas. J'aurais aimé qu'elle se prolonge encore et encore… »

Anne, consultante.

Prière des Indiens navajos

« Qu'en la beauté, je marche.
Que toute la journée, je marche.
Qu'à travers le passage des saisons, je marche.
Que sur la sente saupoudrée de pollen, je marche.
Qu'avec des sauterelles autour de mes pieds, je marche.
Qu'avec la rosée autour de mes pieds, je marche.
Qu'avec la beauté, je marche.
Qu'avec la beauté devant moi, je marche.
Qu'avec la beauté derrière moi, je marche.
Qu'avec la beauté au-dessus de moi, je marche.
Qu'avec la beauté tout autour de moi, je marche.
Dans la vieillesse, que je marche allant plein de vie sur une sente de beauté.
Dans la vieillesse, que je marche allant sur une sente de beauté, vivant à nouveau.
Cela finit dans la beauté.
Cela finit dans la beauté. »

La pratique méditative au réveil

« M'éveillant ce matin, je souris.
Je sais que j'ai vingt-quatre heures toutes nouvelles devant moi.
Je fais le vœu de les vivre pleinement
En posant sur le monde les yeux de l'amour. »

La conscience commence dès le réveil ! Après avoir récité ce court poème récité par les bouddhistes du monde entier, vous pouvez poursuivre avec un sourire des lèvres et des yeux et faire le vœu de consacrer cette journée à faire la paix en vous et autour de vous.

Prenez ensuite quelques minutes et portez votre attention sur votre respiration.

Observez cinq respirations en pleine conscience, comme lorsque vous méditez.

Vous êtes consciente qu'aujourd'hui est un jour nouveau et que vous avez vingt-quatre heures précieuses à vivre. Vous pensez à toutes les choses qui vous attendent. Vous êtes d'emblée d'accord. Tout est à expérimenter, tout est à vivre.

Parole de sage

« Voir, entendre, aimer. La vie est un cadeau dont je défais les ficelles chaque matin au réveil. »

Christian BOBIN.

Ne pas se dépêcher

Asseyez-vous sur le bord de votre lit. La méditation marchée commence dès le premier pas posé sur le sol le matin. Levez-vous et faites quelques étirements pour dénouer vos articulations. Lâchez-vous bien dans les épaules.

Ensuite, vous pouvez boire une tasse d'eau tiède, vous laver avant d'aller méditer. Ciblez votre attention sur vos activités quotidiennes telles que vous brosser les dents, vous laver, vous coiffer, mettre vos chaussures, aller aux toilettes. Soyez pleinement consciente dans chacune de vos activités.

Accordez-vous assez de temps pour ne pas avoir à vous dépêcher.

Puis dirigez-vous lentement vers le lieu de votre méditation.

Belle idée du matin

Décidez – pourquoi pas ? ! – qu'aujourd'hui, vous serez souriante et généreuse avec ceux que vous croiserez. Et qu'au moins une personne sera heureuse de vous avoir croisée dans la journée.

Exercice informel pour la routine matinale

Choisissez une activité faisant partie de votre routine matinale, comme vous laver les dents, vous brosser les cheveux ou prendre une douche. Lorsque vous l'accomplissez, centrez-vous entièrement sur ce que vous êtes en train de faire : les mouvements corporels, le goût, le toucher, l'odeur, la vue, le son, etc.

Par exemple, lorsque vous êtes sous la douche, observez les bruits de l'eau.

Remarquez la température de l'eau et ressentez-la dans vos cheveux, sur vos épaules et le long de vos jambes. Observez l'odeur du savon et du shampoing, ainsi que leur sensation sur votre peau. Observez la vue des gouttelettes d'eau sur les murs ou sur le rideau de douche, l'eau qui glisse sur votre corps et le jet rebondissant sur le sol.

Remarquez les mouvements de vos bras lorsque vous vous lavez, vous frottez ou vous faites un shampoing. Lorsque des pensées surgissent, reconnaissez leur présence, laissez-les être, mais ramenez votre attention à votre douche. Toujours et toujours, votre attention va errer. Dès que vous le réalisez, reconnaissez-le, soyez consciente de ce qui vous a distraite et ramenez votre attention.

Se laver les mains en pleine conscience

Prenez conscience de l'eau qui coule sur vos mains, de sa température, des sensations que vous ressentez. Essayez d'observer le mouvement de vos mains comme si vous vous laviez les mains pour la première fois.

Si votre esprit vagabonde, essayez de ramener votre attention sur les sensations autour de vos mains.

Parole de sage

« La méditation est l'un des arts majeurs dans la vie, peut-être "l'art suprême", et l'on ne peut l'apprendre de personne : c'est sa beauté. Il n'a pas de technique, donc pas d'autorité. Lorsque vous apprenez à vous connaître, observez-vous, observez la façon dont vous marchez, dont vous mangez, ce que vous dites, les commérages, la haine, la jalousie – être conscient de tout cela en vous, sans option, fait partie de la méditation. »

KRISNAMURTI,
Se libérer du connu, éditions Stock.

Entrer dans le « oui ! » avant de s'endormir

Le maître de méditation Osho préconise une méditation à pratiquer chaque soir avant de s'endormir pendant au moins dix minutes, et de nouveau au réveil pendant au moins trois minutes. Et pendant la journée, chaque fois que vous vous sentez négative, allongez-vous sur votre lit et faites-la.

Commencez à mettre votre énergie dans le « oui », faites un mantra du « oui ». Assise sur votre lit, commencez à répéter : « Oui… Oui… » Entrez en résonance avec lui. Dans un premier temps, vous le répétez simplement ; ensuite, entrez dans son ressenti, commencez à balancer avec lui. Permettez-lui d'envelopper tout votre être de la tête aux pieds. Laissez-le vous pénétrer profondément. Si vous ne pouvez pas le prononcer à voix haute, dites au moins silencieusement : « Oui… Oui… Oui ! » C'est une façon de quitter la journée sans s'agripper, sans refuser, sans se crisper.

La pratique méditative couchée

Comme vous vous y êtes exercée toute la journée, soyez attentive et entièrement dans chaque action du coucher : dans tous les gestes de la salle de bains, quand vous prenez votre tisane du soir, quand vous éteignez les lumières de l'appartement ou de la maison, quand vous mettez votre réveil.

Avant d'aller dormir et d'éteindre votre lampe de chevet, pensez à toutes les choses belles et moins belles que vous avez vécues. Accueillez-les pendant quelques minutes, puis faites silence en vous. Portez votre attention sur votre respiration et observez cinq respirations conscientes, comme lorsque vous méditez. Vous êtes prête à paresser pour une longue nuit…

La méditation couchée

La méditation couchée a au moins un bel avantage : nous dormons allongées, ce qui nous offre, en nous réveillant le matin et le soir avant de nous endormir, une belle occasion de pratiquer et de reprendre contact avec nous-mêmes ! Les paresseuses débutantes seront peut-être tentées par sa facilité apparente, mais attention à ne pas vous endormir !

Si vous pratiquez la méditation couchée avant de vous endormir et dès le réveil, vous prenez ainsi votre journée en étau. Cela vous donne une direction intérieure.
La posture est généralement celle dite du « cadavre » en yoga… Quand le corps est étendu, en particulier sur le dos, il est souvent plus facile de sentir son ventre bouger avec le souffle, monter et se gonfler à l'inspiration, retomber et se dégonfler à l'expiration. Ensuite, rendez visite au moment présent tel qu'il est…

Conseil de méditante confirmée

La méditation couchée n'est pas à conseiller à tout le monde, et surtout pas à des débutantes : il n'est pas si simple de méditer en restant en éveil… Il est mieux d'y avoir été initiée (comme on peut l'être dans le Yoga Nidra, par exemple). Il faut une sacrée force de volonté pour ne pas plonger dans le sommeil !

L'étreinte de la gravité

La position allongée nous donne également l'impression d'être retenues, portées, soutenues par la surface sur laquelle nous sommes allongées. Nous pouvons alors nous livrer entièrement à l'étreinte de la gravité – nous enfoncer dans le sol, le tapis ou le matelas – et la laisser faire son travail. Dans cette position, il peut être plus simple de lâcher prise et de s'abandonner à l'instant présent.

Dans la nature ou malade

La méditation couchée peut aussi être pratiquée dans la nature (comme lors d'un pique-nique, juste après votre sieste !). Elle peut également être particulièrement précieuse si vous êtes clouée au lit par une maladie, à l'hôpital, ou lorsque vous devez subir des examens pénibles et relativement longs tels que les scanners où l'on est censée rester parfaitement immobile. Personnellement, méditer dans l'espèce de « tunnel métallique » si désagréable de l'IRM me fait un bien fou, cela me permet de quitter ma peur tout en restant où je suis. C'est presque magique.

Pratiquement toutes les situations où vous vous retrouvez allongée peuvent devenir des occasions de pratiquer… si vous êtes plus forte que le sommeil qui vous attend !

L'exercice du scan corporel avec Jon Kabat-Zinn

Le scan corporel est une forme de méditation couchée extrêmement puissante. Il s'agit de balayer systématiquement l'ensemble de son corps avec l'esprit, en appliquant

une attention affectueuse, sincère et intéressée à ses différentes régions.
Vous balaierez votre corps plus ou moins rapidement, selon le temps dont vous disposez. Le niveau de précision et de détail variera en fonction du rythme auquel vous vous déplacerez mentalement dans votre corps. Chaque vitesse a ses vertus, car, en définitive, il s'agit d'être en contact avec l'intégralité de son être et de son corps de toutes les manières possibles, tout en restant complètement en dehors du temps.
Le balayage peut être réalisé comme on l'a fait pour entrer en méditation, en visualisant successivement les différentes régions corporelles, partie par partie, en les « habitant » avec conscience et en s'attardant en leur compagnie, en dehors du temps. C'est la méthode même de la sophrologie. Vous pouvez également sentir le souffle pénétrer et traverser chaque région.
« Si vous considérez votre corps comme un instrument de musique, le scan corporel est un moyen de l'accorder. Si vous le considérez comme un univers, c'est un moyen de le connaître. Si vous le considérez comme une maison, c'est un moyen d'ouvrir toutes ses portes et ses fenêtres à la volée afin de laisser l'air frais de la claire conscience faire place nette. »

Méditer au cœur de la nuit

Nous ne sommes malheureusement pas souvent conscientes des beautés de la nuit… et la nuit est infiniment belle. C'est un excellent moment pour… se lever et méditer.
Asseyez-vous silencieusement, regardez l'obscurité. Devenez une avec l'obscurité, disparaissez en elle. Si cela est possible,

regardez les étoiles, ressentez la distance, le silence, le vide. Assise dans votre lit ou sur le canapé du salon, ne faites rien, ressentez simplement.

Peu à peu, vous vous sentirez tout à fait en résonance avec la nuit. La nuit est profondément spirituelle. Le monde nocturne est endormi, tout s'arrête… Pause image. Le bruit s'arrête, plus de place aux mondanités, le monde de l'esprit s'éveille. Sortez de votre torpeur. Le temps est arrêté, vous n'avez plus les soucis de la veille et pas encore ceux du lendemain.

Témoignage : à bon entendeur…

« Je n'en démords pas : la méditation couchée n'est pas de la méditation, du moins si elle est pratiquée par des débutants. Ils risquent de la préférer, et ils s'endormiront, et bientôt ils ne pratiqueront plus. Ils sombreront dans le sommeil et la méditation allongée ne leur apportera rien. Cette pratique tue la pratique assise. »

Marc.

Méditer en préparant le repas

Préparer les légumes peut être – devrait être – un grand moment.

Le couteau dans une main, une aubergine ou une carotte dans l'autre, veillez à être à la fois présente, concentrée, précise, continue et centrée sur votre geste.

La façon de préparer les légumes est déterminante. Les légumes sont des organismes vivants, traitez-les comme tels, en les respectant. Lorsque vous les préparez, faites-le avec amour et dans le calme. Portez votre attention exclusivement sur ce que vous faites : ainsi, celle qui prépare disparaît dans l'acte de préparer, au-delà de l'espace et du temps.

« Il ne s'agit pas simplement de préparer un repas, mais d'exprimer une action éveillée dans l'acte de cuisiner. [...] Cuisiner est une pratique totale, à la fois corporelle et mentale. »

Maître DOGEN, philosophe zen japonais.

Parole de sage

« Vous pouvez, en fait, utiliser comme objet de méditation toute sensation, quelle qu'elle soit, qui attire le plus votre attention à un moment particulier. Les odeurs, par exemple, peuvent être très utiles, que ce soit pendant les pratiques formelles ou lorsque vous vaquez à vos occupations journalières. Dans les séances formelles, prêtez attention au parfum de l'encens, si vous en utilisez, ou à l'odeur particulière du lieu où vous vous trouvez. Dans la vie de tous les jours, les odeurs de cuisine peuvent vous servir d'utiles supports et vous permettre de transformer une routine ennuyeuse – préparer de la nourriture ou la manger, traverser un endroit où l'on fait cuire quelque chose – en une pratique qui calme et fortifie l'esprit. »

Yongey Mingyour RINPOTCHÉ,
Bonheur de la méditation, préface de Matthieu Ricard,
éditions Le Livre de Poche.

La pratique méditative en mangeant

La tradition zen nous apprend à affiner notre attention, notre curiosité et notre capacité d'observation dans le fait de goûter et de manger nos aliments. On devrait s'en inspirer, car, malheureusement, on ne mange pas, on « bouffe », souvent à toute allure et parfois même en faisant quelque chose d'autre à la fois !

Méditer en mangeant n'est en rien moins noble que méditer sur la respiration, sur un mantra, un mandala, etc.

Avant et pendant le repas

Juste avant le repas

En vous dirigeant vers la cantine, la salle à manger, la cuisine ou le restaurant, pensez à la nourriture que vous allez recevoir. En vous servant, regardez la nourriture et pensez aux divers éléments comme la pluie, les rayons du soleil, la terre, l'air qui ont présidé à la croissance des aliments et à la création de ce repas merveilleux. Pensez au fermier, au maraîcher, à la cuisinière. À travers cette nourriture, prenez conscience que votre survie dépend de l'univers tout entier. Servez-vous avec modération. Interrogez-vous d'abord sur votre faim réelle. Ne prenez que les aliments qui vous nourrissent et vous maintiennent en bonne santé. Certains nous alourdissent et nous endorment, tandis que d'autres nous stimulent. Même si c'est votre plat préféré, laissez-en pour ceux qui vont se servir après vous.

Intérieurement, dites : « Merci à celles et ceux qui ont préparé le repas. Bienvenue à celles et ceux qui vont le partager. »

Astuce de méditante confirmée

Lorsque vous commencez à manger, vous pouvez avoir comme objectif de prendre vos deux premières bouchées en état de pleine conscience. L'essentiel est d'entrer dans la danse…

Pendant le repas

Commencez par éteindre le téléviseur, la radio, l'ordinateur, le lecteur de CD et tout ce que vous mettez habituellement en route pour vous occuper (quand vous mangez seule).

Installez-vous correctement, le dos droit, mais pas raide. Quoi que vous mangiez, quel que soit le temps que vous allez prendre, vous ne devez vous concentrer que sur chaque bouchée.

Combien sommes-nous à être vraiment attentives aux saveurs de nos repas ? Pendant que vous mangez, portez votre conscience sur la vision de cette nourriture, sentez, goûtez, mâchez et avalez. Comme une paresseuse se délecte dans son bain.

Mâchez lentement, longuement et jusqu'à ce que la nourriture soit correctement réduite. Pendant que vous faites ainsi, ne laissez pas votre esprit divaguer. Vous avez déjà un sujet pour occuper vos pensées : la nourriture que vous offrez à votre corps. Quelle en est la consistance ? Quel en est le goût ? Est-il fort ou très fin ? Épuisez totalement les sensations que chaque bouchée a à vous offrir.

Vous allez ainsi offrir à votre corps une meilleure manière de faire le plein d'énergie. Parce que vous mastiquez mieux, le travail de digestion est plus simple, plus rapide, moins épuisant, mieux réalisé. Vous prenez également le temps de ressentir l'impression de satiété, physiologiquement longue à être perçue. Vous allez donc, tout naturellement, retrouver les quantités de nourriture dont vous avez vraiment besoin, plus réduites, sans toutefois avoir l'impression d'avoir faim. Vous allez également découvrir que certaines nourritures fatiguent votre corps plutôt qu'elles ne le servent, que certaines sont plus adaptées à des saisons précises : sucreries, nourritures grasses…

La pleine conscience vous plongera dans les couleurs, les textures, les parfums, les saveurs et même les sons qui accompagnent vos gestes de manger et de boire.

Les enseignements zen parlent du goût exquis de l'eau pure. Vous est-il déjà arrivé d'avoir très, très soif ? Peut-être à la suite d'une randonnée, ou pendant une maladie, ou après avoir travaillé longuement dans la chaleur de l'été. Vous souvenez-vous de cette merveilleuse sensation au moment où vous avez enfin pu boire, ne serait-ce que de l'eau ? Chacune de vos gorgées et de vos bouchées pourrait être tout aussi fraîche et délicieuse.

Manger en méditant sur chacune des bouchées, c'est s'intéresser à des sensations auparavant négligées, pour nourrir l'esprit autant que le corps. En agissant ainsi, vous offrez à votre mental de nouveaux champs d'investigation, de nouvelles données, de nouvelles références. Vous lui permettez également de s'exercer à devenir plus fin sur des données concrètes.

Parole de sage

« Quand j'ai une orange, j'aimerais manger cette orange comme un acte de méditation. Je la tiens dans la paume de ma main et je la regarde. J'ai du temps pour la regarder avec pleine conscience. "J'inspire, il y a une orange dans ma main gauche, j'expire, je souris à mon orange." Vous êtes réellement dans l'ici et le maintenant pour pouvoir reconnaître l'orange. Pour moi, une orange n'est rien de moins qu'un miracle. Avec vos yeux spirituels, vous pouvez voir une orange fleurir. Vous pouvez voir le soleil et la pluie traversant la fleur d'oranger. Vous pouvez voir la petite orange encore bien verte et vous pouvez voir l'oranger travailler avec le temps pour l'amener à la taille actuelle. Maintenant, l'orange est entre mes mains. Je la regarde et lui souris et pour moi, c'est quelque chose de miraculeux. Quand je respire avec pleine conscience, je reviens au moment présent, je vis vraiment et je suis moi-même un miracle. »

Thich Nhat HANH.

Manger en silence

Les bouddhistes zen considèrent que le silence renforce la valeur nutritive des aliments. Se taire en mangeant est plus facile à dire qu'à faire, car les repas sont souvent les seuls moments où l'on se retrouve pour parler. Cela dit, les repas ne sont pas d'abord des moments pour parler, mais plutôt des moments pour nous nourrir et recevoir l'énergie dont nous avons besoin ! Ainsi, vous pouvez commencer votre repas en pleine conscience, puis parler un tout petit peu plus tard. Ce peut être une idée de règle familiale à mettre en place ! Quoi qu'il en soit, essayez d'être entière dans ce que vous faites : centrée sur la nourriture, puis sur l'écoute de celui qui parle au lieu de se couper la parole ! Et si on essayait ? !

Petit exercice pratique

Lors du prochain repas :

1. Concentrez votre attention sur ce qu'il y a dans votre assiette (regardez, décrivez dans votre tête les aliments, identifiez ce qu'ils vous inspirent…).
2. Sentez vos aliments avant de les mettre en bouche.
3. Mettez l'aliment en bouche : concentrez-vous sur les parties stimulées de la langue, sur les saveurs, la texture, n'hésitez pas à les comparer avec d'autres préparations ; si certains souvenirs vous viennent à l'esprit, laissez-les vous pénétrer…
4. Faites tourner l'aliment dans votre bouche, mâchez-le. Concentrez-vous sur le plaisir (ou l'absence de plaisir, ou le déplaisir), mais aussi sur les sensations de votre bouche, votre langue…
5. Avalez l'aliment. Prenez conscience que votre bouche est vide.
6. Concentrez-vous sur votre estomac.

Faites de chaque moment de votre repas une expérience unique, une expérience singulière que vous vivez pleinement. Vous verrez, cela aura une incidence sur votre comportement alimentaire, et notamment sur vos fringales compulsives…

Témoignage : arrêter de manger en faisant autre chose

« J'avais l'habitude de manger en faisant une autre activité, en lisant, en regardant la télé, en travaillant sur mon ordinateur. C'est difficile de s'en défaire ! J'ai commencé en arrêtant

de le faire au petit déjeuner. C'est plus facile parce que c'est moins long. Et puis, petit à petit, c'est venu naturellement, quand je mange seule. On peut aussi se dire : "Je mettrai la radio dans cinq minutes, je me concentre pendant ce temps sur mon repas et mes sensations alimentaires." Au bout d'un moment, ça occupe tellement que l'on n'a plus envie d'écouter la radio ! Il y a tellement d'habitudes à changer ! Je me rends compte que j'occupe toujours mon esprit par autre chose et cela m'empêche de me concentrer sur ce que je fais. Que c'est difficile de faire les choses en conscience et d'éviter les distractions… »

Claire.

Quitter le repas

Quand votre repas est terminé, prenez un court moment pour prendre conscience que vous avez fini de manger, que vous avez eu du plaisir et que votre faim est satisfaite. Vous éprouvez une sensation de bien-être et la gratitude vous emplit.

Astuce bouddhiste

Quand vous lavez votre vaisselle, faites-le comme si vous laviez le bébé Bouddha (ou Jésus, ou autre…).

Mais aussi ici et là, à tout instant…

Méditer en faisant du sur-place

Par exemple dans la queue du supermarché ou du cinéma, devant la photocopieuse, à la Journée du patrimoine, dans une file de taxi, à la boulangerie…

Lorsque vous attendez dans une file, utilisez ce temps pour prêter attention à votre position debout et à votre respiration. Sentez le contact de vos pieds sur le sol et la manière dont votre corps se sent. Portez votre attention sur votre abdomen qui se soulève et retombe. Vous sentez-vous impatiente ? Notez-le simplement. Accueillez ce qui est.

Faites de même lorsque vous êtes prise dans un embouteillage.

Parole de sage

« L'esprit du paysage et mon esprit se sont concentrés et, par là, transformés, de sorte que le paysage est bien en moi. »

Shih Tao, peintre.

Faire régulièrement le point sur les tensions du corps

Pendant la journée, revenez régulièrement à la conscience de votre corps : y a-t-il de la tension quelque part ? Par exemple dans votre cou, vos épaules, votre ventre, vos mâchoires ou le bas de votre dos ? Respirez consciemment et, pendant que vous expirez, laissez partir l'excès de tension dans ces points. Pensez plusieurs fois dans la journée à pratiquer sur les tensions. N'oubliez pas en même temps de vous lâcher dans les épaules, de desserrer votre mâchoire.

Méditer en jardinant, en faisant la vaisselle, en repassant, en plantant un clou, en écoutant son enfant...

L'idée, là encore, est d'être concentrée sur ce que vous faites. Par exemple, si vous jardinez, quand vous bêchez, prenez conscience de votre pied appuyé sur la bêche, de l'effort à fournir pour retourner la terre... tout en évitant de penser aux impôts à payer ou à la robe à aller chercher au pressing. « *Le temps consacré au jardinage est une forme d'ascèse. Quand je désherbe pendant des heures un massif de mousse à la pince à épiler* [!!!], *c'est une façon de méditer* », confie Erik Borja, créateur de jardins zen à travers toute la France.

Quand vous arrachez les mauvaises herbes, baissez-vous consciemment, sentez éventuellement la douleur au bas de votre dos, regardez votre main qui arrache l'herbe... Soyez à ce que vous faites, ne pensez à rien d'autre qu'à ce que vous êtes en train de faire. On ne plante pas des fraisiers en pensant à l'engueulade du matin avec Charles ni à la réunion de parents d'élèves du soir.

Astuce de méditante confirmée

Pour ne pas oublier d'être pleinement consciente et entière dans ce que vous faites (et pas en train de faire l'omelette en pensant à aller acheter du shampoing !), allumez une petite bougie dans un coin de la pièce où vous vous trouvez (de votre salle de bains, de la cuisine...), comme un pense-bête. Ou, si vous êtes « technologique », utilisez un réveil digital programmable qui émet régulièrement un bip de rappel.

Méditer durant l'exécution d'une tâche ménagère déplaisante

Choisissez une tâche que vous cherchez habituellement à faire à la hâte, dont vous cherchez à vous distraire ou encore une tâche exécutée en serrant les dents et avec laquelle vous voulez en finir. Par exemple : repasser, faire la vaisselle, passer l'aspirateur...

Chaque paresseuse a une liste de choses obligatoires qui lui déplaisent ! Utilisez ces tâches comme autant d'occasions pour pratiquer.

Ainsi, tout en repassant, observez la couleur et la forme des vêtements, les motifs créés par les plis et leurs changements lorsque les plis disparaissent. Remarquez le sifflement de la vapeur, le grincement de la planche à repasser, le son léger du fer se déplaçant sur l'étoffe. Observez la prise de votre main sur le fer à repasser, ainsi que le mouvement de votre bras et de votre épaule.

Si l'ennui ou la frustration font surface, reconnaissez simplement leur présence et ramenez votre attention sur la tâche en cours d'exécution. Lorsque des pensées apparaissent, prenez acte de leur apparition, laissez-les être et ramenez votre attention sur ce que vous êtes en train de faire. Votre attention va errer, toujours et toujours. Dès que vous le réalisez, reconnaissez-le, soyez consciente de ce qui vous a distraite et ramenez tranquillement votre attention à votre activité en cours.

Exercices pratiques

• Durant ma routine matinale, je vais m'exercer à la pratique de la pleine conscience lorsque :

....

....

....

....

• Durant ma routine du soir, je vais m'exercer à la pratique de la pleine conscience lorsque :

....

....

....

....

• Durant la semaine, je vais m'exercer à la pratique de la pleine conscience dans la ou les tâches suivantes :

....

....

....

....

• Durant mes temps libres du week-end, je vais m'exercer à la pratique de la pleine conscience lorsque :

....

....

....

....

La pleine conscience au bureau

Avez-vous oublié mon conseil en or : « Ne faites qu'une seule chose à la fois » ?
C'est le moment ou jamais, le lieu ou jamais de l'appliquer, non ? Vous y gagnerez en calme et en efficacité.

Quelques astuces antidispersion au bureau

Les ordinateurs, téléphones, tablettes, chats, réseaux sociaux, mails, tweets… font un bruit fou dans nos têtes et nous dispersent ! Or, rappelez-vous que la b.a.-ba est de se concentrer sur une tâche à la fois puis de passer à la suivante. Ainsi, vous pouvez :

• consulter vos e-mails seulement trois fois par jour : l'e-mail est l'une des sources de déconcentration principale. Vous pouvez par exemple les consulter le matin à votre arrivée au bureau, au retour de déjeuner et en fin d'après-midi ;

• désactiver l'alerte d'arrivée de nouveaux e-mails : vous ne le savez peut-être pas, mais il est possible de désactiver les messages d'alerte automatique d'arrivée de nouveaux e-mails, ou utiliser ce message d'alerte comme rappel de la conscience. Pour les utilisateurs d'Outlook, voici la marche à suivre : *Outils, Options, Préférences, Options de la messagerie, Options avancées de la messagerie,* désactivez la case à cocher *Afficher une alerte « Nouveau message » sur le Bureau* ;

• maîtriser le temps passé à surfer sur Internet : c'est une source de déconcentration au potentiel illimité ! Faites déjà l'expérience de limiter Internet pendant une semaine. Fixez vous-même les règles. Deux à trois sessions par jour semblent une bonne habitude, le tout étant de limiter les multiples interruptions que génère la tentation Internet ;

• apprendre à ne plus répondre systématiquement au téléphone. Si c'est important, les personnes laisseront un message que vous consulterez quand vous le souhaiterez. Vous constaterez que dans la majorité des cas, les interlocuteurs régleront eux-mêmes le problème. Vous pouvez aussi programmer des moments de votre journée où vous coupez les sonneries, vibreurs, écrans, la connexion Internet… Mode silence ! Vous prenez le temps d'un tête-à-tête avec vous-même. Ouf ! On avance quand même mieux comme ça… Ou encore, vous pouvez prendre pour règle de ne jamais décrocher avant la dernière sonnerie après laquelle le téléphone passe sur la boîte vocale (chez moi, ça sonne trois fois) et, si vous êtes loin du téléphone, dirigez-vous vers lui lentement, en prenant le risque de rater l'appel. C'est vous qui maîtrisez le téléphone et non lui qui vous maîtrise !

Le téléphone en pleine conscience

Sur son site Internet, le Village des Pruniers, où vit et enseigne le moine bouddhiste vietnamien Thich Nhat Hanh, on trouve les questions les plus fréquemment posées. Celle-ci est particulièrement interpellante…

Question : J'ai essayé maintes et maintes fois de vous contacter par téléphone, mais je n'ai jamais réussi !

Réponse : Ne vous inquiétez pas, c'est normal ! Nous allons vous expliquer pourquoi : au Village des Pruniers, lorsque le téléphone sonne, nous ne courons pas pour décrocher, mais nous utilisons la sonnerie comme cloche de pleine conscience, pour nous ramener au moment présent. Nous nous arrêtons alors et revenons à notre respiration, le temps de trois sonneries. Ensuite, la personne qui est chargée de répondre au téléphone marche en pleine conscience jusqu'à la salle du téléphone pour décrocher. Si cette personne est dans la salle juste à côté, cela peut durer le temps de trois ou quatre sonneries supplémentaires, mais si elle est dans la cour, ou plus loin, cela risque de prendre plus de temps ! C'est pourquoi nous conseillons toujours à nos amis laïcs d'attendre au moins une vingtaine de sonneries avant de raccrocher, lorsqu'ils essayent de nous appeler ! [...]

Choisir d'être seule à midi

Une façon de rester centrée et calme est de vous soustraire à l'environnement stressant du bureau à l'heure du déjeuner, en allant faire une marche extérieure, du yoga, deux longueurs à la piscine d'à côté… Surtout, ne restez pas déjeuner à la cafétéria d'entreprise et ne déversez pas des paroles négatives à l'encontre de collègues qui vous dérangent… Les bavardages, les critiques, les jugements sur les personnes détruisent la fragile paix intérieure que nous avons acquise par la méditation.

Exercice physique à pratiquer au bureau

Ayez conscience de votre corps. Par exemple, assise à une table de travail, redressez votre colonne vertébrale sans l'adosser au siège, mettez vos mains bien à plat, soit sur vos cuisses, soit sur le bureau, ressentez la présence de vos pieds, eux aussi à plat sur le sol. Arrêtez de fixer l'ordinateur ou vos papiers en mettant vos yeux en position mi-close, ce qui donne un regard centré à la fois sur l'intérieur de soi et sur l'extérieur, qui devient flou. Ensuite, prenez conscience de votre respiration. Et pratiquez la respiration lente et longue. La respiration consciente se confond en effet avec la conscience tout court : vous allez quitter le tourbillon des pensées et retrouver le contact avec la réalité. Et c'est reparti, vous êtes rechargée et présente, *là*...

Derniers conseils avant de se quitter...

Arrêtez *tout* pendant une minute : le rappel

Ne cédez à aucun découragement, à aucune difficulté, à aucun échec. Chaque fois que votre mental est inquiet et s'échappe, ramenez-le. Rien ne porte de fruits plus rapidement que cette pratique.

Quelle que soit votre activité et où que vous soyez, faites un rappel toutes les heures. Pendant quelques secondes, interrompez ce qui est en cours : revenez à vous, reprenez conscience de vous. Tout simplement. Souvenez-vous que vous existez, que vous êtes libre, que vous êtes ici et maintenant.

Le rappel par les sons

Lorsque vous entendez le téléphone sonner, un oiseau chanter, un train passer, un rire, une voiture klaxonner, le vent, le son d'une porte qui se ferme…

Utilisez chaque son comme un rappel, comme une cloche de la pleine conscience. Arrêtez-vous une petite minute, revenez à vous-même. Autre exemple, à 8 heures le matin, en allant chercher le pain, arrêtez-vous et écoutez le chant d'un oiseau… Écoutez vraiment et soyez présente et éveillée.

Accompagnez mentalement chaque acte que vous effectuez

Lorsque vous marchez, dites mentalement : « Je marche. »

Lorsque vous préparez le petit déjeuner, dites : « Je prépare le petit déjeuner. »

Lorsque vous vous brossez les cheveux, dites : « Je me brosse les cheveux. »

Lorsque vous faites la queue chez le fromager, dites : « Je fais la queue chez le fromager. »

Lorsque vous montez dans votre voiture, dites : « Je monte dans ma voiture »…

Une règle d'or : tout faire comme si c'était la première fois…

On regarde trop souvent les choses avec de « vieux yeux ». *« On dit qu'il n'y a rien de nouveau sous le ciel. En vérité, rien n'est vieux sous le ciel. Seuls les yeux deviennent vieux, habitués aux choses ; alors rien n'est nouveau* », écrit le maître Osho dans son *Livre des secrets* (Albin Michel Poche). De fait, on n'entre dans l'existence qu'avec un regard neuf, émerveillé, un regard inscrit dans le présent, dans l'instant. Et si, à partir d'aujourd'hui, vous regardiez votre chat, le regard bleu de votre mari, la bruyère sur votre balcon comme si vous les découvriez pour la première fois ? Et si vous goûtiez cette confiture de rhubarbe ou cette tasse de café, si vous écoutiez cette sonate de Beethoven, si vous faisiez ce pas, ce sourire, comme si c'était la première fois ? Cela changerait à coup sûr toute la saveur de votre quotidien…

Vous pouvez quelque chose face à la tristesse et la violence du monde. Cela commence par une attitude intérieure, une façon de penser. C'est cesser d'être distraite, adhérer, être attentive à ce qui est, éblouie par ce qui est. C'est cesser d'avoir le regard usé. Il faut laisser monter en vous cet enthousiasme qui est capable de transformer de fond en comble le quotidien.

Ce qui fait mourir, ce n'est pas la mort, c'est de ne pas vivre.

« *Il y a quelque chose de pire que d'avoir une mauvaise pensée. C'est d'avoir une pensée toute faite. Il y a quelque chose de pire que d'avoir une mauvaise âme […]. C'est d'avoir une âme toute faite. Il y a quelque chose de pire que d'avoir une âme même perverse. C'est d'avoir une âme habituée* », nous dit Charles Peguy, épinglant notre tiédeur, dans ses *Œuvres en prose*, 1909-1914[13]… Laquelle d'entre vous ne se sent pas visée ? !

13. Éditions Gallimard, coll. « Bibliothèque de la Pléiade », 1959.

Aussi, chaque matin, lorsque nous ouvrons les yeux, il y a mieux à faire que de ronchonner contre le réveil. On pourrait déjà commencer par regarder le jour neuf qui nous est donné. Une seconde, un sourire : « Ah, quelle joie d'être là ! » (On essaie de s'en persuader !) Ensuite, goûtons le fait de marcher, un pas neuf après un pas neuf, jouissons de l'eau chaude qui coule sur notre peau, découvrons la saveur du pain grillé, la blondeur de notre fille, le sourire de notre mari, comme pour la première fois… Ce matin du monde, tout est neuf, et moi aussi, et vous aussi. Nous ne sommes plus habituées à vivre, nous sommes émerveillées de vivre *ce matin-là*.

Parole de sage

« La vie en elle-même est une toile vide, elle devient ce que vous peignez dessus. Vous pouvez peindre la misère, vous pouvez peindre la joie. Cette liberté est votre splendeur. »

Osho Rajneesh, maître spirituel indien iconoclaste.

Conclusion

Rejoindre une cordée humaine

Comme l'hibiscus ou la chauve-souris, nous sommes attirées par la lumière et, malgré nos détours, nous ne cessons de nous en rapprocher, que nous le voulions ou non. La pratique de la méditation, ne fût-ce que cinq minutes de temps à autre, permet de se reprendre, de revenir à soi, de revenir à cette grande zone de calme qui se trouve à l'intérieur de nous, si nous savons aller la chercher. Mais il ne faut pas opposer ce recueillement, qui paraît hors du monde, aux activités de la vie ordinaire : il faut essayer de poursuivre cette présence à soi et au monde dans les moindres détails de l'existence quotidienne. La stabilité intérieure doit se frotter à la réalité. Il ne s'agit pas tant d'être des éveillées que de vivre enfin une succession d'instants éveillés… Se centrer sur une dimension plus intérieure de l'être ne doit en aucun cas nous abstraire de l'extérieur : la méditation deviendrait alors une pratique sèche, une « langue morte ».

Les expériences mystiques existent, nous transforment, mais ne durent pas. « *Nous savons tous qu'après la lune de miel vient le mariage et après les élections la dure tâche de gouverner. Dans la vie spirituelle, il en va de même : après l'extase, il y a la lessive* », écrit Jack Kornfield dans *Après l'extase, la lessive*[14]. Il faudra pratiquer encore et encore.

14. Éditions La Table ronde, 2000.

Vous tomberez, et vous vous relèverez, car vous serez entrée dans la roue de la métamorphose et, comme la respiration, elle ne s'arrête jamais.

Certes, la vie est une succession de temps forts et de temps faibles (sinon elle serait monotone). Les temps forts alternent avec des temps faibles. Les temps faibles ne peuvent jouer leur rôle que s'ils sont construits sur des temps forts. Moments forts ou moments faibles, vous cesserez progressivement de vous accrocher à ce qui ne dure pas et de craindre ce qui ne dure pas non plus. Vous allez percevoir une plus grande unité, une plus grande cohérence dans votre vie.

Maintenant, il ne me reste plus qu'à vous féliciter d'avoir entendu et suivi votre appel intérieur, d'être venue et d'être restée jusqu'au bout de ce livre. Chapeau pour une paresseuse ! Nous allons nous séparer, vous allez poser ce livre et pratiquer, pratiquer, pratiquer comme jamais on n'a vu une paresseuse pratiquer. Pas pour devenir quelqu'un d'autre ou quelqu'un de mieux, mais pour devenir plus consciente, plus vivante.

Pour se quitter en douceur et en sourire…

Deux amis sont partis à la pêche. L'un d'eux pêche un gros poisson, le met dans son sac et se lève pour partir.

L'autre demande : « Où vas-tu ?

– Chez moi, je viens de pêcher un très grand poisson. Cela me suffit !

– Attends un peu, reste avec moi. Nous allons en pêcher davantage.

– Pour quoi faire ?

– Pour les vendre.
– Pour quoi faire ?
– Pour obtenir plus d'argent.
– Pour quoi faire ?
– Pour augmenter ton compte bancaire.
– Pour quoi faire cela ?
– Afin de devenir riche.
– Pour quoi faire ?
– Pour pouvoir profiter de ton temps avec tes enfants et de ta femme.
– C'est exactement ce que je vais faire de ce pas. »

À chacun sa responsabilité : tout tient à votre décision, ici et maintenant…

Où et comment s'initier à la méditation

Quelques sites :

- Hauteville/Ashram Arnaud Desjardins : www.amis-hauteville.fr
- Communauté mondiale de méditation chrétienne (CMMC) : www.meditationchretienne.org (pour les adresses dans toute la France)
- Méditation Graf Dürckheim en France :
    - Jacques Castermane : www.centre-durckheim.com
    - Francis Dekeyser : www.adpcot.com
    - Béthanie – centre spirituel : www.centre-bethanie.org
- Méditation avec Fabrice Midal, « bouddhiste occidental » : www.fabricemidal.com
- Méditation de pleine conscience : www.pleineconscience-mindfulness.fr
- Méditation avec Thich Nhat Hanh : www.villagedespruniers.net

Quelques livres :

- Christophe André, *Méditer jour après jour – 25 leçons pour vivre en pleine conscience* (+ 1 CD audio enregistré par Christophe André), Les Arènes, 2011.
- Jon Kabat-Zinn, *Méditer, 108 leçons de pleine conscience* (+ 1 CD audio enregistré par Bernard Giraudeau), Les Arènes, 2010.
- Fabrice Midal, *Pratique de la méditation* (+ un livre audio), Le Livre de Poche, 2012.
- Thich Nhat Hanh, Nguyen Anh-Huong, *Méditer en marchant* (+ 1 CD enregistré), Marabout, 2013.
- J-Mark Williams, John-D Teasdale, Zindel-V Segal, Jon Kabat-Zinn, *Méditer pour ne plus déprimer : La pleine conscience, une méthode pour vivre mieux* (+ 1 CD audio enregistré par Christophe André), Odile Jacob, 2009.

Table des matières

Conclusion

MARABOUT
s'engage pour l'environnement
en réduisant l'empreinte carbone
de ses livres.
Celle de cet exemplaire est de :
350 g éq. CO_2
Rendez-vous sur
www.marabout-durable.fr

PAPIER À BASE DE
FIBRES CERTIFIÉES

Pour l'éditeur, le principe est d'utiliser des papiers composés de fibres naturelles, renouvelables, recyclables et fabriquées à partir de bois issus de forêts qui adoptent un système d'aménagement durable.
En outre, l'éditeur attend de ses fournisseurs de papier qu'ils s'inscrivent dans une démarche de certification environnementale reconnue.

Photocomposition Nord Compo

Imprimé en Italie par Lego Lavis
Dépôt légal : Août 2013
ISBN : 978-2-501-08611-0
Codif : 4130159/01